双色球
精准杀号定胆选号方法详解

张委铭 著

电子工业出版社
Publishing House of Electronics Industry
北京·BEIJING

内 容 简 介

本书通过对双色球从 2003 年到 2016 年共 2004 期（从第 2003001 期到第 2016105 期）开奖数据的统计，找出了双色球最有效的杀号、定胆、选号方法，并对其中大部分方法都进行了 50 期（从第 2016106 期到第 2017002 期）的验证，以检验其是否有效。书中大部方法均以往期开奖数据为统计基础，并以新的开奖数据为验证指标，用事实来证明这些方法是否可行，读者朋友也可据此中选优，选择最好的投注方法。"以事实为依据，并用事实进行验证"是本书区别于其他彩票书的一个根本特征，这保证了本书所提供的方法具备充分的合理性和十足的有效性。

未经许可，不得以任何方式复制或抄袭本书之部分或全部内容。
版权所有，侵权必究。

图书在版编目（CIP）数据

双色球精准杀号定胆选号方法详解 / 张委铭著. —北京：电子工业出版社，2017.8
ISBN 978-7-121-31864-1

Ⅰ.①双… Ⅱ.①张… Ⅲ.①社会福利－彩票－基本知识－中国 Ⅳ.①F726.952

中国版本图书馆 CIP 数据核字（2017）第 131020 号

责任编辑：刘　伟
印　　刷：北京捷迅佳彩印刷有限公司
装　　订：北京捷迅佳彩印刷有限公司
出版发行：电子工业出版社
　　　　　北京市海淀区万寿路 173 信箱　　邮编：100036
开　　本：720×1000　1/16　印张：13.25　字数：233 千字
版　　次：2017 年 8 月第 1 版
印　　次：2025 年 4 月第 27 次印刷
定　　价：49.80 元

凡所购买电子工业出版社图书有缺损问题，请向购买书店调换。若书店售缺，请与本社发行部联系，联系及邮购电话：(010) 88254888，88258888。
质量投诉请发邮件至 zlts@phei.com.cn，盗版侵权举报请发邮件到 dbqq@phei.com.cn。
本书咨询联系方式：010-51260888-819，faq@phei.com.cn。

前言：用数据来精准杀号

本书特色

看到身边那么多人买彩票，我突然想到一个问题：彩票是不是只能靠运气？有没有规律可循？有没有特征可以把握？既然这世上任何事物都是有其规律和特征的，彩票也一定有。认定了这一点之后，我决定去研究彩票。于是就在网上广泛搜集与彩票有关的资料，并去书店购买了很多关于彩票的书籍。

先后接触了很多彩票理论、投注技巧、选号秘籍、中奖宝典等，最后发现这些所谓的理论、技巧、秘籍、宝典等在彩票投注中要么没有实际意义，要么方法本身就很烦琐，难以掌握。至于概率学在彩票投注中的应用，很多书籍都只介绍一些高大上的理论，具体到实践中多半还是那句"彩票投注就是绝对的随机事件"，很难从中找出行之有效的投注方法。

看了这么多书籍，掌握了这么多理论，我却发现这些东西基本上没有用。而我又坚信彩票是有规律可循的，是有特征可以把握的，中奖概率是可以大幅提高的。于是我决定完全抛弃一切彩票理论，特别是那些复杂的数学理论，自己去研究、总结，争取发展出一套属于自己的、不同于任何人的彩票投注方法。我认为大家真正需要的不是那些高大上的理论和烦琐的投注方式，而是简单明了、易于操作又能提高中奖概率的方法与技巧。

本书将颠覆你对彩票的认识，看完本书你会发现，原来彩票并不全靠运气，而是有规律可循的，至少是有特征可以把握的。本书与其他彩票类书籍有根本性的不同。市面上流行的彩票类书籍有以下几个特点。

（1）名称诱人，但名不副实，书中结论往往未经证实，纯属猜测。比如有的书名叫"抓取500万""豪夺500万"等，好像500万元在那等着你捡似的，哪有那么便宜的事啊？本书无法轻而易举地让你拿走500万元，只能通过实实在在的统计找出提高甚至大幅提高中奖概率的方法，而且这些方法都是经过对双色球连续2004期开奖数据进行统计得出的。

（2）拿一些高深的数学概念、原理甚至易学知识糊弄人。比如有的彩票类书籍提到频数聚集法则、假想实验、点阵分布图和布朗运动等，有的还引入数学模型、易学理论、阴阳五行和奇门遁甲等，真是高深莫测、法门玄妙，大概只有那些数学和玄学专家才能看懂。还有一些彩票类书籍通篇都是电脑程序，不知道大家能不能看懂，反正我是看不懂。

（3）篇幅冗长，内容虚无；文字不够，表格来凑。彩票类书籍难免有一些表格，但有些彩票类书籍通篇都是表格，要么是统计数据，要么是电脑程序，有的还将历年开奖数据附上以扩充篇幅，这纯粹是浪费资源，也没什么意义。本书除保留一些必要的表格之外，大部分内容都属于举例、分析、验证、归纳、说明等。本书中表格也占有一定篇幅，但绝对不像有些彩票类书籍那样占有大量篇幅甚至占有90%以上的篇幅。一句话，本书有实实在在的内容和方法。

另外，本书也没有高深的数学理论、易学知识，没有任何电脑程序，更没有晦涩难懂的说教，也不会引入复杂的数学模型和假想实验。本书只有具体、明确而又易于掌握、便于操作的杀号、定胆和选号方法与技巧。一句话，本书让每个人都能看得懂。

本书简介

本书共分8章，主要是通过对双色球2000多期历史开奖数据进行统计，找出一些经得起检验的杀号、定胆、选号方法与技巧。

第1章 彩票研究与分析方法入门。主要内容包括：彩票起源与规则、彩票投注方法6大注意事项、彩票是否能够预测。

第 2 章 双色球投注技巧分析。本章主要结合双色球游戏规则，重点从投注方式、奖级设置和中奖规则等方面为大家详细解析双色球，帮助大家更深入地了解双色球。

第 3 章 前区精准杀号方法。本章对双色球前区 860 多种杀号方法，依据双色球从第 2003001 期至第 2016105 期共 2004 期的开奖数据，进行了系统而又精确的统计、整理、测试、对比和分析，得出了双色球前区各种杀号方法的胜率，并对其中胜率较高的杀号方法进行了 50 期（从第 2016106 期至第 2017002 期）的验证，找出了最有效、最经得起检验的双色球前区杀号方法。

第 4 章 后区精准杀号方法。本章对双色球后区 630 多种杀号方法，依据双色球从第 2003001 期至第 2016105 期共 2004 期的开奖数据，进行了系统而又精确的统计、整理、测试、对比和分析，得出了双色球后区各种杀号方法的胜率，并对其中胜率较高的杀号方法进行了 50 期（从第 2016106 期至第 2017002 期）的验证，找出了最有效、最经得起检验的双色球后区杀号方法。

第 5 章 前区精准定胆方法。本章对胆码的概念、定胆的意义、定胆成功率等进行了说明，重点介绍了定一个胆码、定两个胆码的方法，对定多个胆码的方法进行了特别解释，并对前区两个号码伴生（同时出现）现象进行了深入研究，为读者朋友们找出了最有效、最精准的定胆方法。

第 6 章 前区技术指标详解。本章对网上流传的技术指标进行了详细解析，包括重号、连号、奇偶、质合、大小、同尾、和值、AC 值、余数等。看完本章，你会有很多惊喜和重大发现。比如重号，大家潜意识里都认为重号开出的概率不高，所以很多人选号时会故意避开重号，但果真如此吗？经过我对双色球从第 2003001 期至笔数第 2016105 期这 2004 期的统计，发现重号开出的概率高达 72.34%！也就是说，超过 72% 的情况下都会开出重号。你想到了吗？你选号时还会故意避开重号吗？这只是其中一个惊喜，看完本章你会发现更多。

第 7 章 前区精准选号方法。本章重点为大家讲述围号选号法和行列选号法，并在最后将这两种方法（也会辅以其他方法）结合起来进行具体运用举例，从而让大家能够掌握到具体的选号方法。

第 8 章 后区选号方法和技术指标大全。本章重点介绍了后区围号选号法，对后区重号、奇偶、大小等技术指标进行了详细解析，大幅提高了选对后区号码的概率。

读者对象

本书适合所有彩民朋友，无论你是否懂得技术分析，因为本书并没有复杂的技术，只有用数据证明过的杀号、定胆和选号方法。阅读本书前无需任何专业知识，只需会一些基本的数学运算。2015 年 5 月 22 日，我将该书电子版放到了百度阅读上，到今天（2017 年 5 月 24 日）该书在百度阅读上的点击量已超过 212 万次，这也说明该书具有广泛的读者群体。

但该书电子版只统计了双色球 1768 期的开奖数据（从第 2003001 期到第 2015023 期），现在双色球又开出了 300 多期，要增加该书的说服力，必须将最新的 300 多期开奖数据用上。所以我决定"推倒重来"，将该书提到的几乎所有方法都采用最新最全的数据重新统计一次，并统一进行 50 期验证，从而确保该书提到的方法都有事实依据，并经得起事实检验。

接下来就请您跟随我的笔触，进入一个熟悉而又陌生的世界，去领略一下多姿多彩的双色球游戏吧。

张委铭

2017 年 5 月于福州

导读：2017年开奖记录验证

写完这本书，我决定随机测试一下书中推荐的选号方法，用事实来证明其是否有效。

本书重点推荐的前区选号方法是"围号选号法"，该方法每期从具有固定属性的约12个号码中选择下期开奖号码。具有固定属性的号码，即这些号码具有固定的属性，但号码本身并非固定不变。比如前区第二个号码减2所得的值对应的号码，该号码具有固定的属性，每期都是确定的、唯一的，但该号码每期又都可能与上一期不同。

我是经过连续2004期（从双色球2003001期到2016105期）的统计得到该方法的，到现在双色球开到了第2017033期，下面我就从第2016106期至第2017033期中随机抽出8期来测试一下该方法的效果。

（1）双色球第2016134期前区开出11、12、13、14、18、33共6个号码，后区开出号码13，此时围号选号法对应的号码为02、08、09、10、12、15、19、20、22、26、29、31。结果双色球第2016135期前区开出02、08、10、18、20、33共6个号码，其中02、08、10、20共4个号码都出自围号选号法对应的号码中。

也就是说，第2016135期用围号选号法可以选对4个前区号码。

（2）双色球第2016135期前区开出02、08、10、18、20、33共6个号码，后区开出号码12，此时围号选号法对应的号码为01、02、03、04、06、07、10、14、17、19、20、22、26、29。结果双色球第2016136期前区开出02、

07、10、20、27、29共6个号码，其中02、07、10、20、29共5个号码都出自围号选号法对应的号码中。

也就是说，第2016136期用围号选号法可以选对5个前区号码。

（3）双色球第2016136期前区开出02、07、10、20、27、29共6个号码，后区开出号码03，此时围号选号法对应的号码为03、05、06、07、10、13、17、18、19、22、29、33。结果双色球第2016137期前区开出01、06、09、10、15、32共6个号码，其中06、10两个号码都出自围号选号法对应的号码中。

也就是说，第2016137期用围号选号法可以选对两个前区号码。

（4）双色球第2016137期前区开出01、06、09、10、15、32共6个号码，后区开出号码14，此时围号选号法对应的号码为01、02、04、05、08、16、18、21、25、30。结果双色球第2016138期前区开出07、16、20、24、25、30共6个号码，其中16、25、30三个号码都出自围号选号法对应的号码中。

也就是说，第2016138期用围号选号法可以选对三个前区号码。

（5）双色球第2016138期前区开出07、16、20、24、25、30共6个号码，后区开出号码07，此时围号选号法对应的号码为02、04、06、08、09、10、13、14、15、19、22、23、24、25、32。结果双色球第2016139期前区开出01、06、19、26、28、30共6个号码，其中06、19两个号码都出自围号选号法对应的号码中。

也就是说，第2016139期用围号选号法可以选对两个前区号码。

（6）双色球第2016139期前区开出01、06、19、26、28、30共6个号码，后区开出号码03，此时围号选号法对应的号码为02、04、05、08、10、12、16、19、20、21、23、29、32。结果双色球第2016140期前区开出01、02、05、17、26、32共6个号码，其中02、05、32三个号码都出自围号选号法对应的号码中。

也就是说，第 2016140 期用围号选号法可以选对三个前区号码。

（7）双色球第 2016140 期前区开出 01、02、05、17、26、32 共 6 个号码，后区开出号码 10，此时围号选号法对应的号码为 02、03、05、08、10、12、15、16、17、21、22、23、25、30。结果双色球第 2016141 期前区开出 04、13、15、17、21、24 共 6 个号码，其中 15、17、21 三个号码都出自围号选号法对应的号码中。

也就是说，第 2016141 期用围号选号法可以选对三个前区号码。

（8）双色球第 2016141 期前区开出 04、13、15、17、21、24 六个号码，后区开出号码 15，此时围号选号法对应的号码为 01、02、03、04、05、07、08、10、11、13、17、19、22、28。结果双色球第 2016142 期前区开出 01、10、17、21、23、30 共 6 个号码，其中 01、10、17 三个号码都出自围号选号法对应的号码中。

也就是说，第 2016142 期用围号选号法可以选对三个前区号码。

在这 8 期中，从围号选号法每期对应的约 13 个号码中开出 5 个号码的有 1 期，开出 4 个号码的有 1 期，开出三个号码的有 4 期，开出两个号码的有两期，没有 1 期开出 0 个或 1 个号码。也就是说，在这 8 期中，75%的情况下都能从围号选号法对应的号码中开出三个或三个以上号码。要说一期开出 5 个号码，那是偶然的，连续 8 期难道还是偶然的吗？当然，该方法也有效果不好的时候，但只要坚持用该方法选号，你的中奖概率大部分情况下都会比别人高，这就是本书的作用。

双色球前区理论上从约 13 个号码中可以开出约 2.36 个号码，所以上面 8 期测试理论上可以从约 13 个号码中总共开出约 $8 \times 2.36 \approx 18.9$ 个号码，但实际上却从该方法直接给出的约 13 个号码中总共开出了 25 个号码，8 期多开出了约 6.1 个号码，这就是效果。这种方法用事实说话，没有任何神秘性，虽无法保证大家中一等奖，但的确可以提高大家的中奖概率。

当然，在 2016142 期之后，从围号选号法每期对应的号码中开出 4 个或 4 个以上号码的情形频频出现，比如 2017005 期开出了 5 个号码，2017007 期、2017009 期等都开出了 4 个号码。

事实胜于雄辩，例子无须多举，笔者相信对彩票稍有研究的读者都能了解该方法的意义。

轻松注册成为博文视点社区用户（www.broadview.com.cn），扫码直达本书页面。

- **提交勘误**：您对书中内容的修改意见可在 提交勘误 处提交，若被采纳，将获赠博文视点社区积分（在您购买电子书时，积分可用来抵扣相应金额）。
- **交流互动**：在页面下方 读者评论 处留下您的疑问或观点，与我们和其他读者一同学习交流。

页面入口：*http://www.broadview.com.cn/31864*

目　　录

第1章　彩票研究与分析方法入门 1
  1.1　彩票起源与规则 2
    1.1.1　正确认识彩票 2
    1.1.2　购买彩票的基本规则 4
  1.2　彩票投注方法6大注意事项 4
    1.2.1　方法必须周密 4
    1.2.2　方法必须清楚 4
    1.2.3　方法必须简洁 5
    1.2.4　结论必须明确 6
    1.2.5　结论必须正确 6
    1.2.6　统计数据分析 7
  1.3　彩票可以预测吗 9
    1.3.1　关于彩票的几个错误认识 9
    1.3.2　如何科学投注 11

第2章　双色球投注技巧分析 13
  2.1　双色球投注方式 14
    2.1.1　单式投注 14
    2.1.2　复式投注 14
    2.1.3　胆拖投注 15
    2.1.4　多倍投注 15
    2.1.5　投注途径 15

2.2 奖金、奖级和中奖 16
2.2.1 奖金和奖池 16
2.2.2 奖级 16
2.2.3 中奖 17
2.2.4 有关彩票的特别提示 18
2.3 详解复式投注和胆拖投注 19
2.3.1 详解复式投注 19
2.3.2 详解胆拖投注 20

第3章 前区精准杀号方法 22
3.1 前区精准杀号规则 23
3.1.1 杀号的概念 23
3.1.2 前区杀号规则 23
3.1.3 前区杀号方法胜率分析及效果对比 24
3.2 前区号码互减杀号法 26
3.2.1 概念 26
3.2.2 统计数据与方法分析 27
3.2.3 对胜率高的杀号方法进行验证 28
3.3 前区号码互加杀号法 29
3.3.1 概念 29
3.3.2 统计数据与方法分析 30
3.3.3 对胜率高的杀号方法进行验证 31
3.4 前区号码减特定数值杀号法 31
3.4.1 概念 31
3.4.2 分类 32
3.4.3 统计数据及其详细分析 34
3.4.4 对胜率高的杀号方法进行验证 37
3.5 前区号码加特定数值杀号法 38
3.5.1 概念 38

　　3.5.2 分类 38
　　3.5.3 统计数据及其详细分析 40
　　3.5.4 对胜率高的杀号方法进行验证 42
3.6 前区其他杀号方法详解 43
　　3.6.1 上两期前区对应号码互减杀号法 43
　　3.6.2 上两期前区对应号码互加杀号法 45
　　3.6.3 上两期前区对应号码相乘杀号法 47
　　3.6.4 上两期前区对应号码相除杀号法 49
　　3.6.5 后区号码减特定数值杀号法 51
　　3.6.6 后区号码加特定数值杀号法 54
　　3.6.7 前区号码减后区号码杀号法 57
　　3.6.8 上两期前区对应号码均值杀号法 58
　　3.6.9 前区号码杀号法 60
　　3.6.10 前区其他杀号方法解析 62
3.7 深入研究前区杀号方法 66
　　3.7.1 本章与百度阅读的异同 66
　　3.7.2 胜率最高、最低的前区杀号方法及其价值 68
　　3.7.3 同时使用两种或两种以上杀号方法详解 71
　　3.7.4 杀号和定胆哪个更有用 72

第4章　后区精准杀号方法 74

4.1 后区精准杀号规则 75
　　4.1.1 规则详述 75
　　4.1.2 后区杀号方法的理论胜率 76
4.2 前区号码互减杀号法 76
　　4.2.1 概念与分类 76
　　4.2.2 统计数据与方法分析 77
　　4.2.3 对胜率高的杀号方法进行验证 78
4.3 前区号码互加杀号法 78

- 4.3.1 概念与分类 78
- 4.3.2 统计数据与方法分析 79
- 4.3.3 对胜率高的杀号方法进行验证 79
- 4.4 前区号码减特定数值杀号法 80
  - 4.4.1 概念与分类 80
  - 4.4.2 统计数据与方法分析 80
  - 4.4.3 对胜率高的杀号方法进行验证 83
- 4.5 前区号码加特定数值杀号法 84
  - 4.5.1 概念与分类 84
  - 4.5.2 统计数据与方法分析 85
  - 4.5.3 对胜率高的杀号方法进行验证 87
- 4.6 上两期前区对应号码互减杀号法 88
  - 4.6.1 概念与分类 88
  - 4.6.2 统计数据与方法分析 88
- 4.7 上两期前区对应号码互加杀号法 89
  - 4.7.1 概念与分类 89
  - 4.7.2 统计数据与方法分析 90
- 4.8 上两期前区对应号码相乘杀号法 90
  - 4.8.1 概念与分类 90
  - 4.8.2 统计数据与方法分析 91
- 4.9 上两期前区对应号码相除杀号法 92
  - 4.9.1 概念与分类 92
  - 4.9.2 统计数据与方法分析 92
- 4.10 后区号码减特定数值杀号法 93
  - 4.10.1 方法说明 93
  - 4.10.2 统计数据与方法分析 93
  - 4.10.3 对胜率高的杀号方法进行验证 95
- 4.11 后区号码加特定数值杀号法 95
  - 4.11.1 方法说明 95

  4.11.2 统计数据与方法分析 96
  4.11.3 对胜率高的杀号方法进行验证 97
4.12 前区号码减后区号码杀号法 97
  4.12.1 概念和分类 97
  4.12.2 统计数据与方法分析 98
4.13 上两期前区对应号码均值杀号法 98
  4.13.1 概念和分类 98
  4.13.2 统计数据与方法分析 99
4.14 前区号码杀号法 100
  4.14.1 概念与分类 100
  4.14.2 统计数据与方法分析 100
4.15 后区其他杀号方法解析 101
4.16 深入研究后区杀号方法 102
  4.16.1 本章与百度阅读的异同 102
  4.16.2 胜率最高、最低的前区杀号方法及其价值 104
  4.16.3 同时使用两种或两种以上杀号方法详解 108

第5章 前区精准定胆方法 111

5.1 前区定胆详解 112
  5.1.1 定胆的意义 112
  5.1.2 定胆的方法 113
  5.1.3 什么是号码组合 113
  5.1.4 什么是选胆范围 114
  5.1.5 定胆成功率 114
  5.1.6 理论成功率 115
5.2 定一个胆码方法详解 115
  5.2.1 定一个胆码的概念 115
  5.2.2 双色球前区号码出现次数统计 116
  5.2.3 轮流定一个胆码的方法详解 117

5.2.4 本书电子版提到的方法 121
5.3 定两个胆码方法详解 125
    5.3.1 定两个胆码的概念 125
    5.3.2 两号组合出现次数统计 125
    5.3.3 定两个胆码的最优方法 127
5.4 定更多胆码方法详解 129
    5.4.1 定更多胆码的概念 129
    5.4.2 三号组合和四号组合出现次数统计 130
5.5 前区两个号码伴生现象研究 133
    5.5.1 什么是前区两个号码伴生 133
    5.5.2 数据统计与分析 133
    5.5.3 特别说明 134

第6章 前区技术指标详解 135

6.1 重号详解 136
    6.1.1 重号的概念 136
    6.1.2 重号情形超级细分 136
    6.1.3 根据重号进行选号的方法验证 140
    6.1.4 开出重号其实是大概率事件 140
6.2 五期重号详解 141
    6.2.1 五期重号的概念 141
    6.2.2 五期重号情形超级细分 141
    6.2.3 五期重号选号效果分析 142
6.3 连号详解 143
    6.3.1 连号的概念 143
    6.3.2 连号情形超级细分 143
    6.3.3 数据统计与分析 144
    6.3.4 开出连号也是大概率事件 145

6.4 奇偶比详解 146
6.4.1 奇数号码和偶数号码 146
6.4.2 奇偶比 146
6.4.3 奇偶比形态分析 146

6.5 质合比详解 147
6.5.1 质数号码和合数号码 147
6.5.2 质合比 148
6.5.3 质合比形态分析 148

6.6 大小比详解 148
6.6.1 大号和小号 148
6.6.2 大小比 149
6.6.3 大小比形态分析 149

6.7 同尾现象详解 149
6.7.1 尾数的概念 149
6.7.2 同尾号 150
6.7.3 同尾现象数据统计 150
6.7.4 开出同尾号是更大概率事件 151

6.8 和值详解 152
6.8.1 和值的概念 152
6.8.2 和值统计数据 152
6.8.3 和值选号注意事项 154

6.9 AC 值详解 155
6.9.1 AC 值的概念 155
6.9.2 统计数据及分析 156

6.10 除 3 余数详解 156
6.10.1 除 3 余数的概念 156
6.10.2 统计数据及分析 157

6.11 隔期码详解 158
    6.11.1 隔期码的概念 158
    6.11.2 统计数据及分析 158

第 7 章 前区精准选号方法 ... 159

7.1 围号选号法详解 160
    7.1.1 围号选号法的由来 160
    7.1.2 围号选号法的概念 168
    7.1.3 围号选号法的效果 169
    7.1.4 对围号选号法的选号效果进行验证 171

7.2 断行断列情形详解 173
    7.2.1 断行断列情形概述 173
    7.2.2 三行十一列表 174
    7.2.3 深入研究断行 174
    7.2.4 深入研究断列 176

7.3 前区选号方法综合运用举例 182
    7.3.1 前区选号方法说明 182
    7.3.2 举例说明到底该怎么选号 183

第 8 章 后区选号方法和技术指标大全 ... 185

8.1 后区围号选号法详解 186
    8.1.1 后区围号选号法的由来 186
    8.1.2 后区围号选号法的概念 188
    8.1.3 后区围号选号法的效果 189

8.2 后区技术指标大全 192
    8.2.1 后区技术指标简述 192
    8.2.2 后区重号情形解析 192
    8.2.3 后区奇数号码和偶数号码出现次数统计 192
    8.2.4 后区大号和小号出现次数统计 193

第 1 章

彩票研究与分析方法入门

本章主要讲述了彩票的起源与规则、彩票投注方法的 6 大注意事项及彩票的预测,带领读者朋友走入彩票的世界。

1.1 彩票起源与规则

1.1.1 正确认识彩票

彩票是指国家为筹集社会公益资金、促进社会公益事业发展而特许发行、依法销售，自然人自愿购买，并按照特定规则获得中奖机会的凭证。

1. 为彩票正名

彩票问世已两千多年，最早出现于古罗马，我国南宋时期也有类似彩票形式的博彩。新中国成立初期也发行过彩票，"文革"后彩票销声匿迹了十几年，直到1981年才逐步恢复。彩票在国外大行其道，"强力球""超级百万""欧洲百万"等，这些彩票玩法在相关地区都有巨大影响力。

但在我国，大家对彩票有以下几个认识误区：

（1）认为彩票登不了大雅之堂。

（2）买彩票唯恐被人看到，碰到熟人更会感到脸上无光。

（3）除非是很熟的朋友，否则根本不会一起谈论彩票或彩票投注方法。

（4）认为买彩票就是投机取巧、不劳而获、不务正业。

（5）认为买彩票都是穷人干的事，有钱人谁去买彩票呢？

那么，大家为什么如此看待彩票呢？我认为主要是因为大家对彩票的本质和作用不够了解。彩票本质上是一种投资，在社会财富再分配领域有着独特的作用。据统计，近年来中国人每天在彩票上的投入均约0.8元，请问什么样的公司有这样的影响力？所以彩票已成为国人理财的一个辅助性手段，并持续而又全面地影响着国人的日常生活。

大家都知道，小钱、零钱、闲钱只有集中到一起才能发挥更大的作用，才能带来更广泛的社会效益。而彩票天生就有这种功能，它能以合法的形式、公平的原则重新分配社会闲散资金，能将人们的小钱、零钱、闲钱集中到一起，从而发挥更大的作用。

2．彩票存在的意义

第一，能给购买彩票的人带来一定的希望。每个人都有权利合法地追求经济利益，想发财没有错，想发大财也没有错，想一夜暴富都不能算错。这纵然有点侥幸心理，却也符合人性，不违背道德和法律。彩票本质上是一种投资理财手段，人们想通过这种手段获得投资回报完全合理合法，这与人们通过购买股票获得投资回报本质上是一样的。任何人进行投资可能都只有一个目的，就是赚钱，追求高回报率。但只有彩票能够给人们一个获得数百万倍的投资回报率的机会，也只有彩票能够满足人们用最小成本获取最大利益的期望。

第二，遍布各地的彩票投注站不但能够缓解社会就业压力，而且能够活跃市场经济，为国家的经济发展贡献一份力量。每一个彩票投注站都是一个独立的经济体，都能在一定程度上拉动内需，还能增加国家财政收入，扩大政府收入来源，其经济价值不可小觑。

第三，发行彩票筹集到的公益金对我国福利、体育等社会公益事业的发展起到了重要的促进乃至保障作用。以中国福利彩票为例，福彩公益金主要用于扶老助残救孤济困。就拿扶老来说吧，福彩公益金在老年人福利基础设施类项目中的投入占公益金总额的约60%，这些投入主要用来建设遍布全国的养老福利机构、社会福利中心、农村五保供养服务设施、社区老年服务设施等。

由此可见，彩票完全可以光明正大地走进人们的生活。按照法国人的话说，政府发行彩票是向公众推销机会和希望，公众购买彩票则是微笑纳税。所以，"购买彩票是见不得人的事"的想法，是一个很大的认识误区，大家应逐渐转变这种观念，并且可以把彩票当成一种辅助性理财手段。

既然是理财手段，那就带来一个问题，就是如何才能赚到钱？如何才能提高彩票的投资回报率或中奖概率，这就是我写作本书的目的。那么，到底该怎样才能做到这一点呢？这需要从很多方面去寻找彩票的规律和特征，但首要的是买彩票本身该遵循怎样的规则。

1.1.2 购买彩票的基本规则

（1）不能把购买彩票当成赌博，否则不但中不了一等奖，反而有可能倾家荡产。

（2）不得骗钱或用非法手段集资购买彩票，不得挪用公款购买彩票，否则不但中不了一等奖，反而有可能锒铛入狱。

（3）必须用小钱、零钱、闲钱购买彩票，不能把购买彩票当成一种主要的理财手段，只能当成一种辅助性理财手段。

1.2 彩票投注方法6大注意事项

1.2.1 方法必须周密

任何方法都必须是周密的，不能遗漏任何情形。网上有一种杀号方法是这样描述的：用双色球当期前区第六个号码减第一个号码所得的值对应的号码，杀下期后区一个号码，所得的值大于16时取其尾数进行杀号。该描述就遗漏了一种情况，就是所得的值为20、30、40等时该怎么办，此时其尾数为0，该怎么杀号？

本书不同，本书提供的一切方法都有完备的规则，也没有遗漏任何情形。上面提到的这个方法，本书也提到了，但本书明确规定取值为20、30、40等时都杀号码10，这也是本书的独特之处。

1.2.2 方法必须清楚

任何方法都必须有一个明确而又清晰的操作方式和执行程序，不能模糊。如果让人看后一头雾水，不知该怎么操作，那就不是科学的方法。网上有一种选号方法是这样描述的：从前三期后区开奖号码互加或者互减所得的值的尾数及其相邻值的尾数中选择下期后区开奖号码，成功率99%。前三期后区开奖号码互加或者互减，到底是互加还是互减？还是既要互加又要互减？并且该怎么加、怎么减？这种描述就属于不够清楚。该方法不是号称成功率99%吗？那我就将这种方法简称为99选号法，第8章会对这种方法进行专门批驳。

本书不同，书中提供的所有方法都清清楚楚，且有明确的操作程序，没有任何需要大家自己决定该怎么运算这样模棱两可的话。

1.2.3　方法必须简洁

作为一种方法，最好是简洁明了、易于操作。网上有一种选号方法是这样描述的：

（1）前区6个号码相加得到一个总和；

（2）总和减去每一个前区号码得到一个差值；

（3）差值除以每一个前区号码，分别得到一个得数和一个余数；

（4）舍弃余数，只考虑得数，用这个得数作参考，选择下期开奖号码。

接着，该网友还举了一个例子，用得数的尾数作为选号参考，比如得数为38，则下期可能在08、18、28中开出相应的号码。但这种方法总共有6个得数，基本上会有18个号码作为选号参考，选号范围如此之大，能开出一两个号码，那完全是正常的。

按照概率，18个号码里面最起码应该开出3个号码。最后该方法也没有给出选号成功率，更没有说明具体统计期限，这完全是不负责任的行为。先不谈这种方法是否有效，仅仅这些运算就把人累得够呛，这会是好方法吗？

我对这种方法也进行了验证，结果这些数值中平均每期只开出2个号码左右，这与我在书中推荐的选号方法相比简直有着天壤之别。本书推荐的选号方法，预测对4个及4个以上前区号码的情况比比皆是，而且本书推荐的方法经过了连续2004期的测试，都明确标出了成功次数和失败次数，绝对不像上面提到的方法那样只举一个例子就号称"经过长期观察得到的经验""规律性很强"等。

本书所有方法需要进行的运算都很简单，完全不需要任何复杂的组织和排列，都是一步到位，就算只有小学数学知识，也完全可以看懂并能很好地运用。

1.2.4 结论必须明确

任何方法都必须有一个明确的结论，不能模糊。网上有一种杀号方法是这样描述的：用双色球当期前区第三个号码减第二个号码所得的值杀下期前区一个号码，10 期一般会错 2～3 期，这种结论就不够明确。结论必须是确定的，怎么能用"一般会错 2～3 期"这样不确定的表述作为结论呢？

还有人在网上随便提出一种杀号、定胆或选号方法，就号称其成功率高达 99%，但却要广大网友去验证，这完全属于哗众取宠、不负责任的行为。

对于一个结论，如果网友不信，可以自己去验证，但既然你提出了这个结论，你自己首先就要去验证。你只举一两个例子，却要广大网友进行更广泛的验证，这算什么结论？

本书与它们不同，本书提供的一切方法都有确定的结论，绝对没有任何模糊空间，更不需要读者去验证，因为本书一切方法和结论都至少验证了 2004 期。本书提供的一切杀号、定胆和选号方法都标出了明确的成功率，也都标明了具体的统计期限、测试次数等。

1.2.5 结论必须正确

任何一种方法，其结论必须是正确的，否则就是于人无益的方法。统计发现，网上流传的很多杀号、定胆和选号方法，其结论都是错误的。比如，某网友说"使用双色球当期前区第三个号码加 7 所得的值杀下期前区一个号码，67 期错了 23 期"，根据该网友的说法可知，这种杀号方法的胜率约为 65.67%。

我想如果这种杀号方法胜率这么低，那完全可以反过来用于定胆。我于是测试了这种杀号方法，测试周期为双色球从第 2003001 期至第 2016105 期，共 2004 期，总共测试了 2003 次。结果使用这种杀号方法进行杀号，成功 1661 次，失败 342 次，胜率为 82.93%。

由此可见，上面那位网友的说法错得有多离谱。这就表明，只有通过科学而又有效的统计，才能得出正确的结论。

1.2.6 统计数据分析

根据统计学原理可知，统计数据一定要有足够的代表性，要能够覆盖绝大部分可能性，要能够概括事物的总体特征。依据这样的数据进行统计，得出的结论才能说明问题，才是科学的、可信的、可靠的。相反，如果你用期限很短或代表性不足的数据进行统计，纵然能够得出结论，也是经不起检验的，是不科学、不可信的，甚至有可能是错误的。

比如，如果你统计"前区均值杀号法"的胜率，使用的刚好是双色球从第 2007060 期至第 2007079 期这 20 期的开奖数据，那么你就会得出这种杀号方法胜率为 100%的结论。因为在这 20 期使用这种杀号方法进行杀号，成功 20 次，失败 0 次。那么，这个结论正确、可靠吗？我也统计过这种杀号方法的胜率，使用的是双色球从第 2003001 期至 2016105 期这 2004 期的开奖数据，结果使用这种杀号方法进行杀号，在这 2004 期的胜率仅为 80.68%。可见，前面依据短期统计数据得出的结论是不可靠的。

所以，统计数据一定要有足够的跨度，才能够正确反映事物的内在属性和基本规律。我认为，双色球到目前为止开出的 2000 多期开奖数据是有足够代表性的，也是能够说明问题的。通过对这些数据进行统计所得出的结论是能够反映双色球不同号码的内在属性和基本规律的，是科学的、可信的、可靠的，更是经得起检验的，对投注具有实际的指导意义。

我在网上看到过很多统计，但对这些统计结论，实在不敢苟同。比如有的只统计 10 期、20 期或 30 期就得出结论，有的统计周期甚至更短，我认为这种行为很荒谬。我就见过一些这样的说法，比如"用数值 16 减后区号码所得的值杀下期后区号码，这种方法在近 30 期只错过 4 期""上两期前区第六个号码互减所得的值，杀下期前区一个号码，在最近 20 期成功率高达 95%（统计发现，这种杀号方法在双色球从第 2003001 期至第 2016105 期这 2004 期中成功率只有 81.92%）"等。

我认为上述说法很不严谨，也没有意义，都是为了博取眼球。本书通过对双色球 2000 多期历史开奖数据的统计和测试，也找到了一些成功率极高的杀号方法，有的杀号成功率接近 96%，相信这对大家来说绝对是一个福音。

网上也有很多定胆方法，且都有相应的举例。但遗憾的是，这些定胆方法都没有明确说明其测试过多少期，也没有明确指出其成功率和失败率。我认为，这些定胆方法也没有实际意义，都是列举一些刚好符合其方法的特殊例子而已。比如，我曾在网上看到过这样一段话："可以用双色球当期前区第五个号码减第一个号码所得的值来确定胆码，例如：……（举了两个例子）"。这段话提到了一个定胆方法，并列举了两个例子，仅此而已。

可以看出，这段话并没有明确指出这种定胆方法的成功率，也没有明确指出这种定胆方法测试了多少期，只不过列举了两个刚好符合这种定胆方法的成功例子而已。那么，这种定胆方法可靠吗？其成功率又是多少？相信大家无从判断，因为这段话所包含的信息量不足。

对这种定胆方法，我也进行了统计和测试，测试期限为双色球从第 2003001 期至第 2016105 期，共 2004 期。也就是说使用这种定胆方法进行了 2003 次的测试，其中成功 378 次、失败 1625 次，胜率仅为 18.87%。大家用这种方法定胆，5 次都不一定成功 1 次，这可靠吗？相信大家心中有数。

本书与上面列举的各种"方法"绝对不同，本书也提出了若干种定胆方法，但每一种都测试了双色球 2000 多期的历史开奖数据，并且都明确指出了成功率。我认为这才是有说服力的统计，这也是本书的一个独创。

这一切是怎么得来的呢？当然是通过科学而又有效的统计得来的。经过统计，本书得出了很多表格，这些表格从不同侧面反映了双色球号码分布特点和出号规律，内容丰富、形式简单、一目了然，希望大家对这些表格予以重点关注。

1.3　彩票可以预测吗

1.3.1　关于彩票的几个错误认识

当前在彩票圈有以下几种观点。

1. 彩票出号没有任何特征

现在有一种观点认为，彩票出号根本没有任何特征，彩票书完全是招摇撞骗，我认为这种观点荒谬至极。

首先，它违背了唯物主义哲学的基本观点，即万事万物都是运动变化的，都是有规律可循的，都有其独特的属性和特征。

其次，它没有经过任何统计和证明就将彩票出号的规律性一棍子打死，认定彩票没有任何特征或规律，这也不符合大众的思维逻辑。

最后，它以彩票的公益性为幌子，要求大家买彩票只能抱着公益心，不能抱着中一等奖的侥幸心理，所以不能对彩票出号特征进行研究，否则就只有功利心而没有公益心了。这是什么逻辑？简直虚伪至极。买彩票想中一等奖很正常，又有谁不想中一等奖呢？

2. 自相矛盾的观点

我看过很多彩票书，其中一些书籍提到这样的观点：彩票出号是完全不可预测的，凡是根据对历史开奖数据的统计教人预测号码的所谓专家都是骗子。但接下来该书会用自己的方式为大家推荐选号方法，而其依据的同样是历史开奖数据。请问这不是预测是什么？这不是自相矛盾吗？

这类书籍大多提出了深奥的数学或易学理论，说实话，这类书看个开头就很难再看下去，因为购买彩票本来不是一件多么复杂的事，弄那么复杂，又有谁能够理解和运用呢？对历史开奖数据的统计和研究是彩票研究的前提，而历史数据是人人都能看得懂的。

根据历史开奖数据是可以统计出一些特征的，不过这里必须声明一点：本书所推荐的一切方法都只能提高甚至大幅提高你的中奖概率，但绝不能保证你中一等奖。

3．彩票是随机事件

还有一种观点认为彩票是绝对随机事件，无论如何都不可能提高中奖概率。可事实证明，有很多种方法都可以大幅甚至巨幅提高中奖概率。本书的很多方法都能做到这一点，具体请往下看。

为了说明彩票是绝对随机事件，有人说如果把开奖号码全部换成不同的砖块、汉字甚至动物名称，还有什么特征或规律可言？那不就成了绝对随机事件了吗？很简单，无论你把这些开奖号码换成什么，你总得将它们区别开来，如果完全没有任何区别，那你怎么确定中奖与否？

按照这种观点，假如现在将双色球前区 33 个号码全部换成汉字，那肯定得换成 33 个不同的汉字。那么，为了研究方便，我完全可以对这些不同汉字进行编号，并且当然是编成 01～33 这 33 个号码。那么，经过这 2000 多期的开奖，我同样能够总结出一些特征。就算把这些号码换成 33 种不同的动物又如何？本质上都一样。无论换成什么，都得将它们区别开来，有区别就可以进行编号，就可以总结出特征。

如果每天在不同的汉字、动物、砖块和物品之间随意切换，比如今天选 8 个不同的汉字、8 个不同的动物、8 个不同的砖块、9 个不同的茶壶；明天选 8 个不同的杯子、8 个不同的植物、8 种不同的饮料、9 种不同的导弹；后天再换 33 种不同的物品，那就真成了绝对随机事件了。况且，这种做法也是绝对不存在的。

通过以上分析可知，彩票的确有一些特征可以把握。大家完全可以研究彩票，也可借助彩票书来进行研究。但这些书籍所推荐的方法和结论一定要经过充分而有效地统计，一定要能够提高甚至大幅、巨幅提高中奖概率。本书自信符合这些要求。

1.3.2 如何科学投注

很多人投注时都没有经过认真分析，这时如果运气特别好，也可能中一等奖。但本书不研究运气，本书坚持认为彩票是有特征可以把握的，中奖概率是可以大幅提高的。

大家都有自己的心意号码，比如出生年月、幸运数字以及结婚纪念日等，如果你的这些心意号码刚好包含双色球最热的几个号码或者热号组合，那恭喜你，你的中奖概率将会比别人高很多。反之，如果你的心意号码刚好包含双色球最冷的几个号码或者号码组合，那你的中奖概率可能要比别人低很多。

举个例子，假如你的心意号码里面包含号码 01、10 和 12，而你每次投注前区都包含这 3 个号码，那你在双色球从第 2003001 期至第 2015023 期这 1768 期中（这里只是举个例子，所以没有更新统计期限，但 1768 期的开奖数据也足够有说服力了），连一次选对 6 个前区号码的机会都没有，因为这三个号码在这 1768 期中没有一起出现过一次。但是如果你的心意号码里面包含号码 03、07 和 10，那效果就完全不同了，你将有 17 期选对 6 个前区号码的机会，在这 17 期你的中奖概率将比别人高 273 倍。有 17 次中奖概率比别人高 273 倍的机会，总有一次可能中一等奖。这两种情况差别有多大？相信结果一目了然。

看完本书后，你就不会被自己的心意号码左右了，你会发现，原来你的很多投注一开始就选择了最不可能出现的号码或者号码组合。这时你就应该做出改变，本书也将帮你做出这种改变。比如，我在书中推荐的一种后区杀号方法，胜率接近 96%，如果你不知道这一点，那么你的投注组合里面，后区就有可能包含该方法每期所杀的号码，那你将在接近 96% 的情况下选择一个绝对不可能出现的后区号码。

再比如，网上有一种说法：隔 10 期以上连续 3 期的边码会开出 4～6 个号码。你若不看本书，一定会被其迷惑，然后就会用隔 10 期以上连续 3 期的边码作为选号范围，那你就惨了，因为在双色球从第 2003001 期至第 2015030 期这 1775 期中连一次选对 6 个前区号码的机会都没有，因为在这 1775 期从隔 10 期以上连续 3 期的边码中开出 6 个号码的次数为 0。

这就是我前面说的"原来你的很多投注一开始就选择了最不可能出现的号码或者号码组合"，相信看完本书后，你绝对不会再做出这种选择了。本书对 1500 多种杀号、定胆和选号方法进行了全面、详尽而又精确的统计、整理、测试、对比和分析，对各种网络谬论进行了客观、深入而又犀利的批驳，相信能够帮助大家做出正确的投注选择。

但任何方法都不可能做到百分之百成功，也不可能每一期都将你的中奖概率大幅提高。因为无论用什么方法对双色球不同号码进行分类，都不可能得到每一期都会出现的号码，也不可能得到每一期都不会出现的号码。

如果有人鼓吹每一期都能提高中奖概率，那他绝对是骗子。既然如此，我们只能退而求其次，力争做到"偶尔有那么几期或者一两期中奖概率比别人高很多"。

排除绝对运气的情况下，只有做到"偶尔有那么几期中奖概率比别人高无数倍"，大家才可能中一等奖。本书虽然一再强调不能保证大家中一等奖，但会竭尽全力提高大家中一等奖的概率。

第2章

双色球投注技巧分析

双色球——"33选6加16选1"是中国福利彩票发行管理中心推出的一种全新大盘彩票玩法。

本章主要结合双色球游戏规则,重点从投注方式、奖级设置和中奖规则等方面为大家详细解析双色球的玩法,帮助大家更深入地了解双色球。

2.1 双色球投注方式

双色球"33 选 6 加 16 选 1"属于双区选号玩法，可以从前区 01～33 共 33 个号码中任意选取 6 个号码，再从后区 01～16 共 16 个号码中任意选取 1 个号码组成一注单式投注，号码顺序不限。双色球投注方式分为单式投注、复式投注、胆拖投注和多倍投注。

2.1.1 单式投注

单式投注是指从前区 01～33 共 33 个号码中任意选取 6 个号码，并从后区 01～16 共 16 个号码中任意选取 1 个号码构成一个组合进行投注，每注金额人民币 2 元。

2.1.2 复式投注

复式投注是指所选号码个数超过单式投注号码个数，所选号码可组合为每一种单式投注的多注投注。

复式投注包括以下三种形式。

（一）前区复式：从前区 01～33 共 33 个号码中任意选取 7 个以上号码，从后区 01～16 共 16 个号码中任意选取 1 个号码。

（二）后区复式：从前区 01～33 共 33 个号码中任意选取 6 个号码，从后区 01～16 共 16 个号码中任意选取 2 个以上号码。

（三）双区复式：从前区 01～33 共 33 个号码中任意选取 7 个以上号码，从后区 01～16 共 16 个号码中任意选取 2 个以上号码。

复式投注都可以拆分为 2 个及 2 个以上单式投注。

2.1.3 胆拖投注

胆拖投注是指选择少于基本投注号码个数的号码作为每注都包含的号码，也即胆码，再选取除胆码以外的号码作为拖码，由胆码和拖码组合成多注单式投注。

双色球只有前区可以进行胆拖投注，具体方式为：从前区 01～33 共 33 个号码中任意选取 1 至 5 个号码作为胆码，再选取除胆码以外的号码作为拖码，胆码和拖码共同组成前区投注组合（胆码和拖码个数之和必须大于或等于 7）。

双色球后区只能进行单式投注或复式投注，不能进行胆拖投注。

胆拖投注也都可以拆分为 2 个及 2 个以上单式投注。

2.1.4 多倍投注

购买者可对其选定的投注号码进行多倍投注，投注倍数范围为 2～99 倍。

单式投注、复式投注、胆拖投注均可进行多倍投注，但单张彩票最大投注金额不得超过 2 万元。

2.1.5 投注途径

（1）可在各省福彩机构设置的销售网点投注。投注号码经投注机打印出对奖凭证，交购买者保存，此对奖凭证即为双色球彩票。

（2）可选择机选号码投注、自选号码投注。机选号码投注是指由投注机随机产生投注号码进行投注，自选号码投注是指将购买者选定的号码输入投注机进行投注。

（3）若因销售终端故障、通信线路故障和投注站信用额度受限等原因造成投注不成功，应退还购买者投注金额。

2.2 奖金、奖级和中奖

2.2.1 奖金和奖池

双色球按当期销售额的 50%、15%和 35%分别计提彩票奖金、彩票发行费和彩票公益金。彩票奖金分为当期奖金和调节基金,其中,49%为当期奖金,1%为调节基金。

双色球采取全国统一奖池计奖,奖池资金由未中出的高奖级奖金和超出单注奖金封顶限额部分的奖金组成,奖池资金用于支付一等奖奖金。

调节基金包括按销售总额的 1%提取部分、逾期未退票的票款、浮动奖奖金按元取整后的余额。调节基金用于支付不可预见的奖金支出风险,以及设立特别奖。

当一等奖的单注奖金低于二等奖的单注奖金时,将一等奖和二等奖的奖金总额相加,由一等奖和二等奖的中奖者按注均分;当二等奖的单注奖金低于三等奖的单注奖金的两倍时,由调节基金将二等奖的单注奖金补足为三等奖的单注奖金的两倍。

双色球的当期奖金和奖池资金不足以兑付当期中奖奖金时,由调节基金补足,调节基金不足时,用彩票兑奖周转金垫支。在出现彩票兑奖周转金垫支的情况下,当调节基金有资金滚入时优先偿还垫支的彩票兑奖周转金。

2.2.2 奖级

双色球奖级设置分为高奖级和低奖级,一等奖和二等奖为高奖级,三至六等奖为低奖级。当期奖金减去当期低奖级奖金为当期高奖级奖金。各奖级和奖金规定如表 2.1 所示。

表 2.1 奖级和奖金总额对照表

奖级	奖金总额	
一等奖	当奖池资金低于 1 亿元时	奖金总额为当期高奖级奖金的 75% 与奖池中累积的资金之和，单注奖金按注均分，单注最高限额封顶 500 万元
	当奖池资金高于 1 亿元（含）时	奖金总额包括两部分，一部分为当期高奖级奖金的 55% 与奖池中累积的资金之和，单注奖金按注均分，单注最高限额封顶 500 万元；另一部分为当期高奖级奖金的 20%，单注奖金按注均分，单注最高限额封顶 500 万元
二等奖	奖金总额为当期高奖级奖金的 25%，单注奖金按注均分，单注最高限额封顶 500 万元	
三等奖	3000 元	
四等奖	200 元	
五等奖	10 元	
六等奖	5 元	

注：高奖级中奖者按各奖级的中奖注数均分该奖级奖金，并以元为单位取整计算；低奖级中奖者按各奖级的单注固定奖金获得相应奖金。

2.2.3 中奖

1. 中奖规则

双色球根据购买者所选单式投注号码（复式投注和胆拖投注按其包含的每一注单式投注计）与当期开奖号码的相符情况，确定相应的中奖资格。具体规定如下：

一等奖：投注号码与当期开奖号码全部相同（顺序不限，下同），即中奖；

二等奖：投注号码与当期开奖号码中的 6 个红色球号码相同，即中奖；

三等奖：投注号码与当期开奖号码中的任意 5 个红色球号码和 1 个蓝色球号码相同，即中奖；

四等奖：投注号码与当期开奖号码中的任意 5 个红色球号码相同，或与任意 4 个红色球号码和 1 个蓝色球号码相同，即中奖；

五等奖：投注号码与当期开奖号码中的任意 4 个红色球号码相同，或与任意 3 个红色球号码和 1 个蓝色球号码相同，即中奖；

六等奖：投注号码与当期开奖号码中的 1 个蓝色球号码相同，即中奖。

2．中奖概率

表 2.2 所示为双色球不同奖级中奖概率统计表。

表 2.2　中奖概率统计表

奖　　级	中奖概率
一等奖	0.000005643%
二等奖	0.0000846449%
三等奖	0.0009141651%
四等奖	0.0434228418%
五等奖	0.7757706525%
六等奖	5.8892546552%
总中奖率	6.71%

2.2.4　有关彩票的特别提示

（1）不得向未成年人出售彩票或兑付奖金。

（2）双色球按期销售，每周销售三期，期号以开奖日界定，按日历年度编排。

（3）当期每注投注号码只有一次中奖机会，不能兼中兼得，特别设立奖除外。

（4）双色球兑奖当期有效。中奖者应当自开奖之日起 60 个自然日内，持中奖彩票到指定的地点兑奖。逾期未兑奖视为弃奖，弃奖奖金纳入彩票公益金。

（5）中奖彩票为兑奖唯一凭证，中奖彩票因玷污、损坏等原因不能正确识别的，不能兑奖。

（6）大家应该随时关注中国福利彩票发行管理中心或者各地福彩中心推

出的有关双色球的派奖、抽奖和促销活动等。这些活动关乎彩民朋友切身利益，都可能使彩民朋友得到某种实惠。

2.3 详解复式投注和胆拖投注

2.3.1 详解复式投注

1. 复式投注的算法

复式投注的要素是所选号码个数超过基本投注号码个数，比如前区选 7 个以上号码、后区选 2 个以上号码，或者前区选 7 个以上号码的同时后区选 2 个以上号码。

假如前区选了 13 个号码，就相当于从 13 个号码里面选择 6 个号码进行组合，有多少种组合，就有多少个前区投注组合。根据数学上的组合数公式 $c(n,m)=n!/((n-m)!\times m!)$，$n \geq m$ 可知，$c(13,6)=13!/7!\times 6!=1716$，有 1716 种组合，也就有 1716 个前区投注组合。

后区道理是一样的，若前区和后区同时选择超过基本投注号码个数的号码，则将前区和后区所分别组成的组合个数相乘即为总投注个数。例如前区选了 11 个号码，后区选了 4 个号码，前区有 462 种组合，后区有 4 种组合，则前区和后区共有 462×4=1848 种组合，也即有 1848 注单式投注。

2. 复式投注的特点

复式投注可以提高彩票包含的投注注数，从而提高中奖概率，并且在中得大奖情况下，往往还会收获一连串小奖，进一步提高奖金成色。复式投注还具有操作简单、兑奖方便、省时省力等优点，渐渐地被越来越多的彩民朋友选择和喜爱，逐渐成为一种主要的投注方式，并且屡屡擒获大奖。

不过由于组合的增多，投注金额相应增加，复式投注的风险也被同步放大。在日常应用中，可以将复式投注变成一种选号方式，选好复式投注号码后，运用缩水及过滤软件或者设定特定条件，过滤掉那些出现概率极低的投注组合。比如，选择 11、12、13、14、15、16、17 这七个号码组成前区复式投注，一般情况下六连号出现概率极低，而这组复式投注中总共包含了两注六连号，我们就可以将这两注六连号过滤掉。

大家一定要善于利用网络资源，网上有很多免费的缩水及过滤软件，可以帮助大家过滤掉一些垃圾投注组合，从而有效减少投注数量。这里推荐大家使用旋转矩阵对复式投注进行缩水及过滤。旋转矩阵是世界著名彩票专家、澳大利亚数学家底特罗夫研究出来的，它可以帮助大家锁定若干个喜爱的号码并提高中奖概率。

2.3.2 详解胆拖投注

1. 胆拖投注的算法

胆拖投注的要素是胆码和拖码，胆码是每注投注都包含的号码，选定胆码后还须选择胆码以外的若干个号码作为拖码，才能共同组成一注投注组合。前区胆码不得少于 1 个，也不得超过 5 个，胆码和拖码的和不得少于 7 个。

如果前区胆码和拖码的和少于 7 个，则要么无法构成一注前区投注组合，要么只能构成一注前区单式投注组合。比如选取 03、19 作为胆码，选取 20、26、28 作为拖码，总共只有 5 个前区号码，根本无法构成一注前区投注组合；选取 03、19 作为胆码，选取 06、20、26、28 作为拖码，共有 6 个前区号码，则无法形成胆拖投注，只能构成一注前区单式投注组合。胆码和拖码不得重合，因为一个号码不可能在一注单式投注中出现两次。

关于胆拖投注的算法，说起来比较抽象，下面试举例进行说明。假如选取 2 个胆码 08、11，6 个拖码 15、20、23、29、32、33，这时每注前区投注组合都包含号码 08、11，由于前区需要 6 个号码才能组成一注投注组合，剩下 4 个号码就需要从选取的 6 个拖码里面进行选择。从 6 个拖码里面选择 4 个号码，不按顺序，有多少种选择就有多少注前区投注组合。这就跟前面的复式投注是一样的道理，相当于数学上的组合。根据前述关于组合数的公式可知，本例共有 15 种组合，也就是共有 15 个前区投注组合。

2．胆拖投注的特点

胆拖投注本质上也是一种复式投注，所以复式投注的优点，胆拖投注都有。同时，胆拖投注还能避免一般复式投注的缺陷。与复式投注相比，在相同的选号范围内，胆拖投注可以大幅减少投注注数、节约投注资金。比如，双色球前区选定 10 个号码进行复式投注，就是 10 选 6，共计 210 注，投注金额为 420 元。若进行胆拖投注选定 4 胆 6 拖的话，只需投注 15 注，投注金额为 30 元，大幅减少了投注注数和投注金额，并且还有可能过滤掉复式投注中出现概率极低的垃圾投注组合。

复式投注属于大范围选号，而胆拖投注则能适当缩小选号范围，同时还能更好地迎合彩民的选号心理。彩民可以选出自己中意的号码作为胆码，再选定适当数量的号码作为拖码，这样不但能够保留自己中意的号码，还能够减少投注注数和投注金额。

近年来，复式投注和胆拖投注渐渐成为中奖利器。但运用时都要注意缩水及过滤，一方面要过滤掉那些出现概率极低的组合，另一方面也要过滤掉曾经中出过 6 个前区号码的组合，毕竟一注号码两次中得双色球 6 个前区号码的概率实在太低了。网上有很多复式投注和胆拖投注的投注注数、投注金额、中奖情况对比表以及复式投注和胆拖投注计算表、计算器等，大家可以自行上网搜索使用。

第 3 章

前区精准杀号方法

双色球前区选号区间为 01~33 共 33 个号码，从中选出 6 个号码组成一注前区投注组合，共有 1107568 种选择，选号范围十分广泛。那么怎样才能科学地缩小双色球前区选号范围呢？杀号就是不错的方法。

本章对双色球前区 860 多种杀号方法，依据双色球从第 2003001 期至第 2016105 期共 2004 期的开奖数据，进行了系统而又精确的统计、整理、测试、对比和分析，得出了双色球前区各种杀号方法的胜率，并对其中胜率较高的杀号方法进行了 50 期（从第 2016106 期至第 2017002 期）的验证，找出了最有效、最经得起检验的双色球前区杀号方法。

3.1 前区精准杀号规则

3.1.1 杀号的概念

杀号就是将下期开奖中估计不会出现的号码剔除。比如，如果估计号码 01 不会在下期开奖中出现，那么就可以把号码 01 从选号范围内剔除，这样每一注投注组合都不会包含号码 01。

杀号可能杀对，也可能杀错。比如上面这个例子，如果下期没有开出号码 01，就杀对了；如果下期开出了号码 01，就杀错了。正因为如此，才有必要找出一些胜率较高的杀号方法。

3.1.2 前区杀号规则

第一，本规则适用于本章所有杀号方法，本章一律将本规则称为"前区杀号规则"。

第二，本章所有杀号方法都需要经过特定运算得到一个数值，该数值对应的号码就是该杀号方法所杀的号码。比如，双色球第 2010093 期前区开出 09、10、19、28、32、33 六个号码，此时如果运用第六个号码减第一个号码杀号法，那么经过运算就会得到 33-9=24 这个数值，该数值对应的号码 24 就是该方法本期所杀的号码（结果双色球第 2010094 期前区开出 03、05、07、27、31、32 六个号码，号码 24 没有开出，杀号成功）。

第三，数值若在 1～33 范围内，则直接杀该数值对应的号码。比如，某杀号方法经过运算得到数值 1，那就杀数值 1 对应的号码 01；经过运算得到数值 2，那就杀数值 2 对应的号码 02……经过运算得到数值 33，那就杀数值 33 对应的号码 33。

第四，数值若超出 1～33 的范围，则按以下规则进行杀号：

(1)数值为0，杀号码10。

(2)数值尾数为0，杀号码10。数值尾数即数值的个位数。比如数值为40、50……100、110……时，都杀号码10。

(3)数值尾数不为0，杀其尾数对应的号码。比如，数值为34时，杀其尾数4对应的号码04；数值为45时，杀其尾数5对应的号码05；数值为108时，杀其尾数8对应的号码08……

(4)数值为负时，取其绝对值进行杀号，绝对值超出1~33的范围时，按本条第(2)项、第(3)项的规则杀号。比如，数值为–1时，杀其绝对值1对应的号码01；数值为–2时，杀其绝对值2对应的号码02；数值为–58时，杀其绝对值58的尾数8对应的号码08；数值为–103时，杀其绝对值103的尾数3对应的号码03……

3.1.3 前区杀号方法胜率分析及效果对比

杀号方法胜率，就是在一个特定统计周期内，杀号成功次数与杀号总次数的比率。假如这里给定某种杀号方法，测试总次数为100次，运用该杀号方法杀号成功80次，那么该杀号方法胜率就是80%。

双色球前区每期从33个号码中开出6个号码，所以理论上每个号码每期开出的概率为6/33，即18.18%，那么理论上每个号码每期开不出的概率就是81.82%。而理论上每个号码每期开不出的概率是双色球前区杀一个号码的理论胜率，所以双色球前区杀一个号码的理论胜率为81.82%。

每一个杀号方法每期都对应唯一一个号码，该号码具有一个固定的属性，但该号码本身并不固定。比如前区第一个号码减1杀号法，该方法每期必定对应唯一一个号码，这个号码每期必定具有一个共同属性，即"与前区第一个号码减1所得的值对应"，但这个号码每期都可能与上期相同，也都可能与上期不同，也就是说该号码本身就是不固定的，这一点大家应该都能理解。

第 3 章　前区精准杀号方法

统计杀号方法胜率其实就是统计杀号方法对应号码的出现次数，其意义就在于，胜率高的可以用来杀号，胜率低的可以用来定胆或选号。杀号成功就是某种杀号方法对应的号码没有开出，所以，某种杀号方法胜率高，就等于该杀号方法对应的号码出现次数少。同理，某种杀号方法胜率低，也就等于该杀号方法对应的号码出现次数多，出现次数多的号码自然可以用来定胆或选号。

本章所有杀号方法的统计周期都是双色球从第 2003001 期至第 2016105 期，共 2004 期，所以一般情况下都测试了 2003 次（2003001 期无法测试，因为是第一期），但有的方法需要用到前两期的数据，这些方法就测试了 2002 次（2003001、2003002 期都无法测试，因为它们是前两期）。

双色球前区每个号码在 2003 期中的理论出现次数均为 364.18 次（2003×6=364.18），而实际上在第 2003002 期至第 2016105 期这 2003 期中（因为绝大部分杀号方法都是从第 2003002 期开始验证的，所以这里必须从第 2003002 期开始统计不同号码的出现次数），最热的号码 17 出现的次数为 395 次，最冷的号码 33 出现的次数为 308 次，都大幅偏离了理论出现次数。

某种杀号方法对应号码的出现次数如果能够超过 395 次，就具有很强的定胆或选号意义；如果能够低于 308 次，就具有很强的杀号意义。但号码 33 绝对是个超级冷号，在这 2003 次统计中，其出现概率只有 15.38%，远低于理论出现概率。在这 2003 次统计中，出现次数排名在号码 33 之前 1 位的是号码 24，其出现次数为 332 次，比号码 33 多了 24 次，这已经是个很大的差距了（排在号码 24 之前的是号码 15，其出现次数为 333 次，仅比号码 24 多出现 1 次）。所以号码 33 绝对是个另类，不能用它来衡量一种杀号方法的效果，因为很难找到一种"对应号码出现次数少于 308 次"的杀号方法。衡量一种杀号方法的效果，用号码 24 比较合理。

不过幸运的是本章找到了这种"对应号码出现次数少于 308 次"的杀号方法，同时也找到了很多"对应号码出现次数远多于 395 次"的杀号方法（这可以用来定胆或选号），这就是本章统计这么多杀号方法的意义（既找到了有效的杀号方法，又找到了有效的定胆或选号方法，不过本章只讲杀号，定胆或选号的内容会在第 5 章和第 7 章、第 8 章详述）。

本章规定：将前区号码 17 称为前区最热号码，将前区号码 33 称为前区最冷号码，将前区号码 24 称为前区次冷号码。

3.2 前区号码互减杀号法

3.2.1 概念

区号码互减，就是双色球当期前区六个号码两两相减，这里规定用大的号码减小的号码，也就是将双色球前区六个开奖号码按由小到大的顺序进行排列后，用后面的号码依次减前面的号码。比如，双色球第 2005036 期前区开出 12、19、20、21、26、31 六个号码，那么前区号码互减就是：19-12=7、20-12=8、21-12=9、26-12=14、31-12=19、20-19=1、21-19=2、26-19=7、31-19=12、21-20=1、26-20=6、31-20=11、26-21=5、31-21=10、31-26=5。

前区号码互减杀号法，就是用双色球当期前区号码互减所得的值对应的号码分别杀下期前区一个号码的方法。双色球前区 6 个号码两两相减共有 15 种不同的情形，所以就有 15 种不同的前区号码互减杀号法，分别为：

① 第六个号码减第一个号码杀号法，就是用双色球当期前区第六个号码减第一个号码所得的值对应的号码杀下期前区一个号码的方法，本章统一用 A_{6-1} 指代这种杀号方法。比如，双色球第 2005097 期前区开出 05、10、23、27、28、30 六个号码，第六个号码减第一个号码所得的值为 25，其对应的号码就是 25，那么下期前区选号时就可以剔除号码 25。结果双色球第 2005098 期前区开出 12、15、19、22、31、33 六个号码，号码 25 没有开出，杀号成功。

第一个号码指的是双色球前区六个开奖号码按由小到大的顺序进行排列后处于第一位的号码；第二个号码指的是双色球前区六个开奖号码按由小到大的顺序进行排列后处于第二位的号码……

第 3 章 前区精准杀号方法

② 第六个号码减第二个号码杀号法，这里不再详述及举例（下同），本章统一用 A_{6-2} 指代这种杀号方法。

③ 第六个号码减第三个号码杀号法，本章统一用 A_{6-3} 指代这种杀号方法。

……

⑮ 第二个号码减第一个号码杀号法，本章统一用 A_{2-1} 指代这种杀号方法。

3.2.2 统计数据与方法分析

表 3.1 为双色球前区号码互减杀号法所包含的 15 种不同杀号方法的胜率统计表，统计周期为双色球从第 2003001 期至第 2016105 期，共 2004 期，该表已经按胜率由高到低进行了排序。

表 3.1　不同杀号方法的胜率统计表

杀号方法	胜	败	胜率
A_{6-4}	1653	350	82.53%
A_{5-2}	1649	354	82.33%
A_{6-1}	1646	357	82.18%
A_{3-1}	1639	364	81.83%
A_{4-3}	1639	364	81.83%
A_{4-1}	1638	365	81.78%
A_{6-2}	1636	367	81.68%
A_{3-2}	1635	368	81.63%
A_{5-4}	1635	368	81.63%
A_{6-3}	1634	369	81.58%
A_{5-3}	1633	370	81.53%
A_{6-5}	1631	372	81.43%
A_{5-1}	1625	378	81.13%
A_{2-1}	1623	380	81.03%
A_{4-2}	1602	401	79.98%

由于统计周期为 2004 期，所以表 3.1 中每种杀号方法测试总次数都是 2003 次，其他相同。

从表 3.1 可以看出，杀号方法 A_{6-4} 胜率最高，但其胜率与理论胜率相差无几。杀号方法 A_{4-2} 胜率最低，其对应号码出现了 401 次，超过了前区最热号码 17 的出现次数，具有一定的定胆或选号意义。

之所以统计这些杀号方法，是因为网上到处都有对这些杀号方法的介绍乃至吹嘘，有的甚至鼓吹"前区第三个号码减前区第一个号码用来杀号，成功率高达 98%""前区第六个号码减前区第四个号码用来杀号，成功率高达 99%"……这简直是信口雌黄、哗众取宠。现在大家通过表 3.1 能够清晰地看出这些杀号方法的胜率，以后就可以做出正确判断了。

3.2.3 对胜率高的杀号方法进行验证

经得起检验的方法才是有效的方法。结合本书写作时间，根据本书"以事实为依据，并用事实进行验证"的原则，我决定对本书所提部分方法分别进行 50 期的验证。本书所有统计数据都截止到第 2016105 期，所以所有验证都从第 2016106 期开始，并且都验证到 2017002 期，共 50 期。

当然，也没必要对每一种方法都进行验证，毕竟 2000 多期的数据更有说服力，50 期的数据包含很多偶然性。本书规定，一般情况下只验证胜率排名前三的杀号方法。如果某种杀号方法包含的种类较少，就只验证胜率排名第一的杀号方法；如果某种杀号方法包含的种类较多，就适当多验证几个。

表 3.2 为表 3.1 中胜率排名前三的杀号方法的胜率统计表，统计周期为双色球从 2016106 期至 2017002 期，共 50 期，该表已经按胜率由高到低进行了排序。表中，原胜率是指该杀号方法在前面 2004 期的统计中的胜率，下同。

表 3.2 不同杀号方法的胜率排名前三统计表

杀号方法	胜	败	胜率	原胜率
A_{6-1}	42	8	84.00%	82.18%
A_{5-2}	41	9	82.00%	82.33%
A_{6-4}	39	11	78.00%	82.53%

从表 3.1 和表 3.2 可以看出，从长期来看，杀号方法 A_{6-4} 的胜率高于其他

方法，但最近 50 期，杀号方法 A_{6-1} 的效果明显更好。具体采用哪种杀号方法，要结合长期和短期效果来进行综合考虑。

3.3 前区号码互加杀号法

3.3.1 概念

前区号码互加，就是双色球当期前区六个号码两两相加。比如，双色球第 2007018 期前区开出 01、12、18、20、21、26 六个号码，那么前区号码互加就是 1+12=13、1+18=19、1+20=21、1+21=22、1+26=27、12+18=30、12+20=32、12+21=33、12+26=38、18+20=38、18+21=39、18+26=44、20+21=41、20+26=46、21+26=47。

前区号码互加杀号法，就是用双色球当期前区号码互加所得的值对应的号码分别杀下期前区一个号码的方法。双色球前区 6 个号码两两相加共有 15 种不同的情形，所以就有 15 种不同的前区号码互加杀号法，分别为：

（1）第六个号码加第一个号码杀号法，就是用双色球当期前区第六个号码加第一个号码所得的值对应的号码杀下期前区一个号码的方法，本章统一用 B_{6+1} 指代这种杀号方法。比如，双色球第 2005097 期前区开出 05、10、23、27、28、30 六个号码，第六个号码加第一个号码所得的值为 35，根据前区杀号规则可知，其对应的号码是 05，那么下期前区选号时就可以剔除号码 05。结果双色球第 2005098 期前区开出 12、15、19、22、31、33 六个号码，号码 05 没有开出，杀号成功。

（2）第六个号码加第二个号码杀号法，这里不再详述及举例（下同），本章统一用 B_{6+2} 指代这种杀号方法。

（3）第六个号码加第三个号码杀号法，本章统一用 B_{6+3} 指代这种杀号方法。

......

（15）第二个号码加第一个号码杀号法，本章统一用 B_{2+1} 指代这种杀号方法。

3.3.2 统计数据与方法分析

表3.3为双色球前区号码互加杀号法所包含的15种不同杀号方法的胜率统计表，统计周期为双色球从第2003001期至第2016105期，共2004期，该表已经按胜率由高到低进行了排序。

表 3.3　15 种不同杀号方法的胜率统计表

杀号方法	胜	败	胜率
B_{5+2}	1668	335	83.28%
B_{6+4}	1664	339	83.08%
B_{6+2}	1649	354	82.33%
B_{6+3}	1649	354	82.33%
B_{2+1}	1647	356	82.23%
B_{4+1}	1645	358	82.13%
B_{5+3}	1645	358	82.13%
B_{4+3}	1642	361	81.98%
B_{5+1}	1642	361	81.98%
B_{4+2}	1641	362	81.93%
B_{5+4}	1634	369	81.58%
B_{6+1}	1634	369	81.58%
B_{3+2}	1628	375	81.28%
B_{3+1}	1623	380	81.03%
B_{6+5}	1607	396	80.23%

从表3.3可以看出，杀号方法 B_{5+2} 胜率最高，杀号方法 B_{6+5} 胜率最低，而且杀号方法 B_{5+2} 胜率已明显高于理论胜率。而杀号方法 B_{6+5} 对应号码的出现次数也高于前区最热号码17的出现次数，具有一定的定胆或选号意义。

3.3.3 对胜率高的杀号方法进行验证

表 3.4 为表 3.3 中胜率排名前三的杀号方法的胜率统计表,统计周期为双色球从第 2016106 期至第 2017002 期,共 50 期,该表已经按胜率由高到低进行了排序。

表 3.4 不同杀号方法的胜率前三统计表

杀号方法	胜	败	胜率	原胜率
B_{6+4}	42	8	84.00%	83.08%
B_{5+2}	41	9	82.00%	83.28%
B_{6+2}	40	10	80.00%	82.33%

通过表 3.3 和表 3.4 可以看出,杀号方法 B_{6+4} 是经得起事实检验的方法,其胜率无论是在前 2004 期,还是在后 50 期,均明显高于理论胜率。

3.4 前区号码减特定数值杀号法

3.4.1 概念

前区号码减特定数值,就是双色球当期前区六个号码分别减特定数值。比如,双色球第 2005036 期前区开出 12、19、20、21、26、31 六个号码,那么前区号码减 1 就是 12-1=11、19-1=18、20-1=19、21-1=20、26-1=25、31-1=30。

前区号码减特定数值杀号法,就是用双色球当期前区号码减特定数值所得的值对应的号码分别杀下期前区一个号码的方法。比如,双色球第 2005108 期前区开出 03、10、12、24、29、30 六个号码,前区号码减 30 所得的值分别为:-27、-20、-18、-6、-1、0。根据前区杀号规则,此时应该从下面这些号码中选择要杀的号码:27、20、18、06、01、10。假如这里杀号码 01,结果双色球第 2005109 期前区开出 03、05、13、15、17、31 六个号码,号码 01 没有开出,杀号成功。

3.4.2 分类

1. 类别

本章统计了双色球前区 6 个号码分别减 1～76 这 76 个特定数值的情况。双色球前区 6 个号码分别减 1～76 总共有 76×6=456 种不同的情形，所以就有 456 种不同的前区号码减特定数值杀号法，分别为：

（1）第一个号码减 1 杀号法，就是用双色球当期前区第一个号码减 1 所得的值对应的号码杀下期前区一个号码的方法，本章统一用 C_{1-1} 指代这种杀号方法。比如，双色球第 2005097 期前区开出 05、10、23、27、28、30 六个号码，第一个号码减 1 所得的值为 4，其所对应的号码就是 04，那么下期前区选号时就可以剔除号码 04。结果双色球第 2005098 期前区开出 12、15、19、22、31、33 六个号码，号码 04 没有开出，杀号成功。

（2）第二个号码减 1 杀号法，本章统一用 C_{2-1} 指代这种杀号法。

……

（456）第六个号码减 76 杀号法，本章统一用 C_{6-76} 指代这种杀号法。

2. 说明

本章统一用大写字母 C 带下标的方式指代前区号码减特定数值杀号法，这些下标都由以下三部分组成：

第一部分为数字，表示不同位置的号码。比如"1"表示第一个号码，"2"表示第二个号码……

第二部分为运算符号，"-"即减号。

第三部分也是数字，表示所减的具体数值。

比如，C_{3-14} 就指代第三个号码减 14 杀号法，C_{5-29} 就指代第五个号码减 29 杀号法，C_{6-43} 就指代第六个号码减 43 杀号法……

之所以统计到 76 为止，是因为前区号码减 1～76 已经涵盖了前区号码减所有数值的情形，再往下统计就与前面的某种情形完全重合了。比如前区号码减 77 的情形，用双色球前区 1~33 这 33 个号码中的任意一个号码减 77 所得的值对应的号码都与减 67 所得的值对应的号码完全重合，具体如下：

1-67=-66，对应号码 06；1-77=-76，也对应号码 06。

2-67=-65，对应号码 05；2-77=-75，也对应号码 05。

……

33-67=-34，对应号码 04；33-77=-44，也对应号码 04。

前区号码减 77 的情形与前区号码减 67 的情形完全重合，不难理解前区号码减 87、97、107……的情形也都与前区号码减 67 的情形完全重合，也就是说前区号码减尾数为 7 且大于 76 的所有数值都与前区号码减 67 的情形完全重合。同理，前区号码减尾数为 8 且大于 76 的所有数值都与前区号码减 68 的情形完全重合，前区号码减尾数为 9 且大于 76 的所有数值都与前区号码减 69 的情形完全重合，前区号码减尾数为 0 且大于 76 的所有数值都与前区号码减 70 的情形完全重合，前区号码减尾数为 1 且大于 76 的所有数值都与前区号码减 71 的情形完全重合……前区号码减尾数为 6 且大于 76 的所有数值都与前区号码减 76 的情形完全重合，所以也就没有必要继续统计前区号码减大于 76 的数值的情形了。

当然，前区号码减 76 的情形与减 66 的情形并不完全重合，比如 33-76=-43，对应号码 03；而 33-66=-33，则对应号码 33，所以这里需要统计到减 76 的情形为止。

（3）事实上按照以上方法进行统计，还是有所重复。比如：

前区第一个号码的取值范围为 01~28（当且仅当双色球前区开出 28、29、30、31、32、33 六个号码时，前区第一个号码取值 28），28-61=-33，杀号码 33；28-71=-43，杀号码 03。但 28-72=-44，杀号码 04；28-62=-34，也杀号码 04。前区第一个号码减 72 的情形与减 62 的情形完全重合，不难理解前区第一个号码减 82、92、102……的情形也都与前区第一个号码减 62 的情形完全重合。也就是说前区第一个号码减尾数为 2 且大于 62 的所有数值都与前区第一个号码减 62 的情形完全重合,所以前区第一个号码只需要统计到减 71 的情形。

同理,可以推知:前区第二个号码只需要统计到减 72 的情形,前区第三个号码只需要统计到减 73 的情形,前区第四个号码只需要统计到减 74 的情形,前区第五个号码只需要统计到减 75 的情形,只有前区第六个号码需要统计到减 76 的情形。

如此,则双色球前区号码减特定数值杀号法所包含的 456 种不同杀号方法中就需要去掉完全重合的 15 种杀号方法,所以实际上双色球前区号码减特定数值杀号法所包含的不同杀号方法只有 441 种。

3.4.3 统计数据及其详细分析

双色球前区号码减特定数值杀号法所包含的不同杀号方法有 441 种之多,如果全都列出来,既没有必要,也浪费篇幅,所以这里只列出胜率最高和胜率最低的各 30 种杀号方法的胜率。

表 3.5 为双色球前区号码减特定数值杀号法中胜率最高的 30 种杀号方法的胜率排序统计表,统计周期为双色球从第 2003001 期至第 2016105 期,共 2004 期。

表 3.5 胜率最高的 30 种杀号方法统计表

杀号方法	胜	败	胜率
C_{5-38}	1697	306	84.72%
C_{4-35}	1694	309	84.57%
C_{3-29}	1682	321	83.97%
C_{3-45}	1679	324	83.82%
C_{1-26}	1677	326	83.72%
C_{4-31}	1677	326	83.72%
C_{2-18}	1675	328	83.62%
C_{3-48}	1673	330	83.52%
C_{3-55}	1673	330	83.52%
C_{3-1}	1672	331	83.47%

续表

杀号方法	胜	败	胜率
C_{5-54}	1672	331	83.47%
C_{1-12}	1671	332	83.42%
C_{5-48}	1671	332	83.42%
C_{1-42}	1669	334	83.33%
C_{1-56}	1669	334	83.33%
C_{1-66}	1669	334	83.33%
C_{1-20}	1668	335	83.28%
C_{3-65}	1668	335	83.28%
C_{5-4}	1668	335	83.28%
C_{6-1}	1668	335	83.28%
C_{1-46}	1666	337	83.18%
C_{4-17}	1666	337	83.18%
C_{6-59}	1666	337	83.18%
C_{1-22}	1665	338	83.13%
C_{2-35}	1665	338	83.13%
C_{6-21}	1665	338	83.13%
C_{2-54}	1664	339	83.08%
C_{4-36}	1664	339	83.08%
C_{5-45}	1664	339	83.08%
C_{1-16}	1663	340	83.03%

表 3.6 为双色球前区号码减特定数值杀号法中胜率最低的 30 种杀号方法的胜率排序统计表，统计周期为双色球从第 2003001 期至第 2016105 期，共 2004 期。

表 3.6 胜率最低的 30 种杀号方法统计表

杀号方法	胜	败	胜率
C_{2-70}	1611	392	80.43%
C_{3-61}	1611	392	80.43%
C_{3-66}	1611	392	80.43%
C_{6-57}	1611	392	80.43%
C_{3-71}	1610	393	80.38%
C_{5-19}	1610	393	80.38%
C_{5-61}	1610	393	80.38%
C_{3-33}	1609	394	80.33%

续表

杀号方法	胜	败	胜率
C_{5-5}	1609	394	80.33%
C_{3-31}	1608	395	80.28%
C_{5-9}	1608	395	80.28%
C_{2-45}	1607	396	80.23%
C_{5-44}	1607	396	80.23%
C_{2-36}	1606	397	80.18%
C_{2-50}	1606	397	80.18%
C_{3-3}	1606	397	80.18%
C_{4-27}	1605	398	80.13%
C_{5-47}	1605	398	80.13%
C_{4-48}	1604	399	80.08%
C_{6-47}	1604	399	80.08%
C_{5-49}	1601	402	79.93%
C_{1-9}	1600	403	79.88%
C_{1-49}	1599	404	79.83%
C_{6-62}	1598	405	79.78%
C_{1-59}	1597	406	79.73%
C_{1-69}	1597	406	79.73%
C_{2-2}	1586	417	79.18%
C_{4-14}	1586	417	79.18%
C_{6-7}	1585	418	79.13%
C_{6-11}	1577	426	78.73%

对双色球前区杀号方法的统计，到现在终于有了实质性进展。前面统计的杀号方法的胜率与理论胜率差别都不是很大，彼此之间胜率差别也不是很大。但前区号码减特定数值杀号法所包含的456种杀号方法中，胜率排名靠前或靠后的若干种杀号方法，其胜率与理论胜率都已经有了明显且较大的差别，这对于杀号、定胆或选号都有十分重大的意义。

表3.5中胜率排名前11位的杀号方法，其对应号码的出现次数都低于前区次冷号码24的出现次数，所以都具有一定的杀号意义。并且杀号方法C_{5-38}对应号码的出现次数只有306次，低于前区最冷号码33的出现次数，可以说是用于杀号的最佳方法。

表 3.6 中胜率排名后 19 位的杀号方法对应号码的出现次数都超过了前区最热号码 17 的出现次数,这是一个很重大的发现,对第 5 章、第 7 章和第 8 章提到的定胆、选号方法有很大的指导意义。更何况,杀号方法 C_{6-11} 对应号码的出现次数高达 426 次,出现概率高达 21.27%,大幅超过了理论出现概率,非常适用于定胆或选号。

3.4.4 对胜率高的杀号方法进行验证

表 3.7 为表 3.5 中胜率排名前 15 的杀号方法的胜率统计表,统计周期为双色球从第 2016106 期至第 2017002 期,共 50 期,该表已经按胜率由高到低进行了排序。

表 3.7 排名前 15 的杀号方法胜率统计表

杀号方法	胜	败	胜率	原胜率
C_{3-45}	44	6	88.00%	83.82%
C_{3-1}	43	7	86.00%	83.47%
C_{5-38}	43	7	86.00%	84.72%
C_{5-54}	43	7	86.00%	83.47%
C_{1-56}	42	8	84.00%	83.33%
C_{3-48}	42	8	84.00%	83.52%
C_{4-31}	42	8	84.00%	83.72%
C_{5-48}	42	8	84.00%	83.42%
C_{1-12}	41	9	82.00%	83.42%
C_{3-55}	41	9	82.00%	83.52%
C_{3-29}	40	10	80.00%	83.97%
C_{1-26}	38	12	76.00%	83.72%
C_{1-42}	38	12	76.00%	83.33%
C_{2-18}	36	14	72.00%	83.62%
C_{4-35}	36	14	72.00%	84.57%

从表 3.7 可以看出,杀号方法 C_{5-38} 的确是经得起检验的。纵然杀号方法 C_{3-45} 的胜率在从第 2016106 期至第 2017002 期这 50 期中略高于杀号方法 C_{5-38},我仍然推荐大家使用杀号方法 C_{5-38} 进行杀号。

3.5 前区号码加特定数值杀号法

3.5.1 概念

前区号码加特定数值,就是双色球当期前区六个号码分别加特定数值。比如,双色球第2005036期前区开出12、19、20、21、26、31六个号码,那么前区号码加1就是12+1=13、19+1=20、20+1=21、21+1=22、26+1=27、31+1=32。

前区号码加特定数值杀号法,就是用双色球当期前区号码加特定数值所得的值对应的号码分别杀下期前区一个号码的方法。比如,双色球第2005108期前区开出03、10、12、24、29、30六个号码,前区号码加3所得的值分别为6、13、15、27、32、33,根据前区杀号规则,此时应该从下面这些号码中选择要杀的号码:06、13、15、27、32、33。假如这里杀号码06,结果双色球第2005109期前区开出03、05、13、15、17、31六个号码,号码06没有开出,杀号成功。

3.5.2 分类

1. 类别

本章统计了双色球前区6个号码分别加1~42这42个特定数值的情况。双色球前区6个号码分别加1~42总共有42×6=252种不同的情形,所以就有252种不同的前区号码加特定数值杀号法,具体如下。

(1)第一个号码加1杀号法,就是用双色球当期前区第一个号码加1所得的值对应的号码杀下期前区一个号码的方法,本章统一用D_{1+1}指代这种杀号方法。比如,双色球第2005097期前区开出05、10、23、27、28、30六个号码,第一个号码加1所得的值为6,其所对应的号码就是06,那么下期前区选号时就可以剔除号码06。结果双色球第2005098期前区开出12、15、19、

22、31、33 六个号码，号码 06 没有开出，杀号成功。

（2）第二个号码加 1 杀号法，本章统一用 D_{2+1} 指代这种杀号方法。

……

（252）第六个号码加 42 杀号法，本章统一用 D_{6+42} 指代这种杀号方法。

2. 说明

本章统一用大写字母 D 带下标的方式指代前区号码加特定数值杀号法，这些下标都由以下三部分组成。

第一部分为数字，表示不同位置的号码。比如"1"表示第一个号码，"2"表示第二个号码……

第二部分为运算符号，"+"即加号。

第三部分也是数字，表示所加的具体数值。

比如，D_{3+14} 就指代第三个号码加 14 杀号法，D_{5+29} 就指代第五个号码加 29 杀号法，D_{6+43} 就指代第六个号码加 43 杀号法……

之所以统计到 42 为止，是因为前区号码加 1~42 已经涵盖了前区号码加所有数值的情形，再往下统计就与前面的某种情形完全重合了。比如前区号码加 43 的情形，用双色球前区 01~33 这 33 个号码中的任意一个号码加 43 所得的值对应的号码都与加 33 所得的值对应的号码完全重合：

1+33=34，对应号码 04；1+43=44，也对应号码 04。

2+33=35，对应号码 05；2+43=45，也对应号码 05。

……

33+33=66，对应号码 06；33+43=76，也对应号码 06。

前区号码加 43 的情形与前区号码加 33 的情形完全重合，不难理解前区号码加 53、63、73……的情形也都与前区号码加 33 的情形完全重合，也就是说前区号码加尾数为 3 且大于 42 的所有数值都与前区号码加 33 的情形完全重合。同理，前区号码加尾数为 4 且大于 42 的所有数值都与前区号码加 34 的情形完全重合，前区号码加尾数为 5 且大于 42 的所有数值都与前区号码加 35 的情形完全重合……所以也就没有必要继续统计前区号码加大于 42 的数值的情形了。

当然，前区号码加 42 的情形与加 32 的情形并不完全重合，比如 1+32=33，对应号码 33；而 1+42=43，则对应号码 03，所以这里需要统计到加 42 的情形为止。

与双色球前区号码减特定数值杀号法一样，双色球前区号码加特定数值杀号法所包含的 252 种不同杀号方法中也有 15 种完全重合的，这里不再详细解释，3.5.3 节的统计中已经剔除了这 15 种完全重复的杀号方法。

3.5.3 统计数据及其详细分析

双色球前区号码加特定数值杀号法所包含的不同杀号方法有 237 种之多，这里同样只列出胜率最高和胜率最低的各 30 种杀号方法的胜率。

表 3.8 为双色球前区号码加特定数值杀号法中胜率最高的 30 种杀号方法的胜率统计表，统计周期为双色球从第 2003001 期至第 2016105 期，共 2004 期，该表已经按胜率由高到低进行了排序。

表 3.8　胜率最高的 30 种杀号方法胜率统计表

杀号方法	胜	败	胜率
D_{6+1}	1689	314	84.32%
D_{1+27}	1688	315	84.27%
D_{2+2}	1685	318	84.12%
D_{1+20}	1684	319	84.07%
D_{1+18}	1683	320	84.02%
D_{3+15}	1680	323	83.87%
D_{4+23}	1676	327	83.67%
D_{4+1}	1675	328	83.62%
D_{1+28}	1673	330	83.52%
D_{4+33}	1671	332	83.42%

续表

杀号方法	胜	败	胜率
D_{4+8}	1668	335	83.28%
D_{4+13}	1667	336	83.23%
D_{6+9}	1667	336	83.23%
D_{1+42}	1666	337	83.18%
D_{2+32}	1665	338	83.13%
D_{4+11}	1665	338	83.13%
D_{4+14}	1665	338	83.13%
D_{1+19}	1664	339	83.08%
D_{1+5}	1664	339	83.08%
D_{3+21}	1662	341	82.98%
D_{5+22}	1662	341	82.98%
D_{1+2}	1661	342	82.93%
D_{3+7}	1661	342	82.93%
D_{1+24}	1660	343	82.88%
D_{2+18}	1660	343	82.88%
D_{4+17}	1660	343	82.88%
D_{4+20}	1660	343	82.88%
D_{4+6}	1660	343	82.88%
D_{5+14}	1660	343	82.88%
D_{5+32}	1660	343	82.88%

表 3.9 为双色球前区号码加特定数值杀号法中胜率最低的 30 种杀号方法的胜率统计表，统计周期为双色球从第 2003001 期至第 2016105 期，共 2004 期，该表已经按胜率由高到低进行了排序。

表 3.9　胜率最低的 30 种杀号方法胜率统计表

杀号方法	胜	败	胜率
D_{2+35}	1620	383	80.88%
D_{3+19}	1619	384	80.83%
D_{3+5}	1619	384	80.83%
D_{4+36}	1619	384	80.83%
D_{5+9}	1619	384	80.83%
D_{3+27}	1617	386	80.73%
D_{5+17}	1617	386	80.73%
D_{1+7}	1616	387	80.68%

续表

杀号方法	胜	败	胜率
D_{2+28}	1615	388	80.63%
D_{4+15}	1615	388	80.63%
D_{6+18}	1615	388	80.63%
D_{2+11}	1614	389	80.58%
D_{3+3}	1614	389	80.58%
D_{6+28}	1614	389	80.58%
D_{1+13}	1613	390	80.53%
D_{1+25}	1612	391	80.48%
D_{5+21}	1612	391	80.48%
D_{1+21}	1611	392	80.43%
D_{4+16}	1611	392	80.43%
D_{5+31}	1610	393	80.38%
D_{4+21}	1609	394	80.33%
D_{2+9}	1608	395	80.28%
D_{4+31}	1608	395	80.28%
D_{1+3}	1605	398	80.13%
D_{3+37}	1605	398	80.13%
D_{1+33}	1604	399	80.08%
D_{2+38}	1603	400	80.03%
D_{1+1}	1601	402	79.93%
D_{1+41}	1600	403	79.88%
D_{1+15}	1595	408	79.63%

表 3.8 中胜率排名前 9 位的杀号方法，其对应号码的出现次数都低于前区次冷号码 24 的出现次数，所以都具有一定的杀号意义。

表 3.9 中胜率排名后 7 位的杀号方法对应号码的出现次数都超过了前区最热号码 17 的出现次数，具有很强的定胆和选号意义。

3.5.4 对胜率高的杀号方法进行验证

表 3.10 为表 3.8 中胜率排名前 10 的杀号方法的胜率统计表，统计周期为双色球从第 2016106 期至第 2017002 期，共 50 期，该表已经按胜率由高到低进行了排序。

表 3.10　胜率排名前 10 的杀号方法胜率统计表

杀号方法	胜	败	胜率	原胜率
D_{1+28}	43	7	86.00%	83.52%
D_{1+18}	42	8	84.00%	84.02%
D_{1+20}	42	8	84.00%	84.07%
D_{4+23}	42	8	84.00%	83.67%
D_{4+33}	42	8	84.00%	83.42%
D_{4+1}	41	9	82.00%	83.62%
D_{6+1}	41	9	82.00%	84.32%
D_{2+2}	40	10	80.00%	84.12%
D_{3+15}	40	10	80.00%	83.87%
D_{1+27}	38	12	76.00%	84.27%

从表 3.10 可以看出，杀号方法 D_{1+28}、D_{1+18}、D_{1+20}、D_{4+23}、D_{4+33} 都是经得起检验的，但我还是倾向于推荐长期有效的杀号方法 D_{6+1}。

3.6　前区其他杀号方法详解

3.6.1　上两期前区对应号码互减杀号法

1. 概念

上两期前区对应号码互减，就是双色球上两期前区对应的六个号码分别相减，也就是上两期前区六个开奖号码中第一个号码减第一个号码、第二个号码减第二个号码……比如，双色球第 2003004 期前区开出 04、06、07、10、13、25 六个号码，第 2003005 期前区开出 04、06、15、17、30、31 六个号码，那么上两期前区对应号码互减就是 4-4=0、6-6=0、15-7=8、17-10=7、30-13=17、31-25=6。

上两期前区对应号码互减杀号法，就是用双色球上两期前区对应号码互减所得的值的绝对值对应的号码分别杀下期前区一个号码的方法。比如，双色球第 2003006 期前区开出 01、03、10、21、26、27 六个号码，第 2003007 期前区开出 01、09、19、21、23、26 六个号码，上两期前区对应号码互减所得的值的绝对值分别为：0、6、9、0、3、1，根据前区杀号规则，此时应该从下面这些号码中选择要杀的号码：10、06、09、10、03、01。假如这里杀号码 03，结果双色球第 2003008 期前区开出 05、08、09、14、17、23 六个号码，号码 03 没有开出，杀号成功。

2．分类

双色球上两期前区对应号码互减共有 6 种不同的情形，所以就有 6 种不同的上两期前区对应号码互减杀号法，分别为：

（1）上两期前区第一个号码互减杀号法，就是用双色球上两期前区第一个号码互减所得的值的绝对值对应的号码杀下期前区一个号码的方法，本章统一用 E_1 指代这种杀号方法。比如，双色球第 2005097 期前区开出 05、10、23、27、28、30 六个号码，第 2005098 期前区开出 12、15、19、22、31、33 六个号码，上两期前区第一个号码互减所得的值为 7，对应的号码就是 07，那么下期前区选号时就可以剔除号码 07。结果双色球第 2005099 期前区开出 10、13、16、22、24、31 六个号码，号码 07 没有开出，杀号成功。

（2）上两期前区第二个号码互减杀号法，这里不再详述及举例（下同），本章统一用 E_2 指代这种杀号方法。

……

（6）上两期前区第六个号码互减杀号法，本章统一用 E_6 指代这种杀号方法。

3．统计数据与方法分析

表 3.11 为双色球上两期前区对应号码互减杀号法所包含的 6 种不同杀号方法的胜率统计表，统计周期为双色球从第 2003001 期至第 2016105 期，共 2004 期，该表已经按胜率由高到低进行了排序。

表 3.11 互减杀号法的 6 种杀号方法胜率统计表

杀号方法	胜	败	胜率
E_4	1641	361	81.97%
E_6	1640	362	81.92%
E_2	1638	364	81.82%
E_1	1635	367	81.67%
E_5	1631	371	81.47%
E_3	1626	376	81.22%

由于统计周期为 2004 期，而该杀号方法需要用到前两期的数据，所以这类杀号方法的测试总次数都是 2002 次。后面遇到需要用上两期数据作为杀号依据的杀号方法时，测试总次数都是 2002 次，到时候不再解释。

从表 3.11 可以看出，这些杀号方法的胜率与理论胜率几乎没什么差别，只是因为网上有很多关于上两期前区对应号码互减杀号法的介绍，所以我才将这些杀号方法统计出来。

在双色球从第 2016106 期至第 2017002 期这 50 期之中，杀号方法 E_4 的胜率为 82%，与此前的 2004 期相差无几，不具备杀号价值。

3.6.2 上两期前区对应号码互加杀号法

1. 概念

上两期前区对应号码互加就是双色球上两期前区对应的六个号码分别相加，也就是上两期前区六个开奖号码中第一个号码加第一个号码、第二个号码加第二个号码……比如，双色球第 2011043 期前区开出 04、13、14、17、25、31 六个号码，第 2011044 期前区开出 03、14、16、26、27、31 六个号码，那么上两期前区对应号码互加就是 4+3=7、13+14=27、14+16=30、17+26=43、25+27=52、31+31=62。

上两期前区对应号码互加杀号法，就是用双色球上两期前区对应号码互加所得的值对应的号码分别杀下期前区一个号码的方法。比如，双色球第 2011045 期前区开出 02、16、17、20、26、32 六个号码，第 2011046 期前区开出 09、17、18、26、29、30 六个号码，上两期前区对应号码互加所得的值分别为：11、33、35、46、55、62。根据前区杀号规则，此时应该从下面这些号码中选择要杀的号码：11、33、05、06、05、02。假如这里杀号码 05，结果双色球第 2011047 期前区开出 04、13、23、25、27、33 六个号码，号码 05 没有开出，杀号成功。

2．分类

双色球上两期前区对应号码互加共有 6 种不同的情形，所以就有 6 种不同的上两期前区对应号码互加杀号法，分别为：

（1）上两期前区第一个号码互加杀号法，就是用双色球上两期前区第一个号码互加所得的值对应的号码杀下期前区一个号码的方法，本章统一用 F_1 指代这种杀号方法。

比如，双色球第 2011048 期前区开出 10、14、18、25、26、27 六个号码，第 2011049 期前区开出 01、11、17、18、27、31 六个号码，上两期前区第一个号码互加所得的值为 11，对应的号码就是 11，那么下期前区选号时就可以剔除号码 11。结果双色球第 2011050 期前区开出 04、05、19、22、28、29 六个号码，号码 11 没有开出，杀号成功。

（2）上两期前区第二个号码互加杀号法，这里不再详述及举例（下同），本章统一用 F_2 指代这种杀号方法。

……

（6）上两期前区第六个号码互加杀号法，本章统一用 F_6 指代这种杀号方法。

3．统计数据与方法分析

表 3.12 为双色球上两期前区对应号码互加杀号法所包含的 6 种不同杀号方法的胜率统计表，统计周期为双色球从 2003001 期至 2016105 期，共 2004 期，该表已经按胜率由高到低进行了排序。

表 3.12 互加杀号法的 6 种杀号方法胜率统计表

杀号方法	胜	败	胜率
F_6	1676	326	83.72%
F_3	1648	354	82.32%
F_4	1648	354	82.32%
F_2	1645	357	82.17%
F_1	1640	362	81.92%
F_5	1634	368	81.62%

从表 3.12 可以看出，上两期前区对应号码互加杀号法所包含的 6 种不同杀号方法之中，除了杀号方法 F_6 之外，其余杀号方法的胜率都与理论胜率相差无几。并且杀号方法 F_6 在双色球从 2016106 期至 2017002 期这 50 期之中，胜率竟然高达 88%，可以说是经得起检验的杀号方法了。

3.6.3 上两期前区对应号码相乘杀号法

1. 概念

上两期前区对应号码相乘就是双色球上两期前区对应的六个号码分别相乘，也就是上两期前区六个开奖号码中第一个号码乘第一个号码、第二个号码乘第二个号码……比如，双色球第 2011043 期前区开出 04、13、14、17、25、31 六个号码，第 2011044 期前区开出 03、14、16、26、27、31 六个号码，那么上两期前区对应号码相乘就是 4×3=12、13×14=182、14×16=224、17×26=442、25×27=675、31×31=961。

上两期前区对应号码相乘杀号法，就是用双色球上两期前区对应号码相乘所得的值对应的号码分别杀下期前区一个号码的方法。比如，双色球第 2011045 期前区开出 02、16、17、20、26、32 六个号码，第 2011046 期前区开出 09、17、18、26、29、30 六个号码，上两期前区对应号码相乘所得的值分别为：18、272、306、520、754、960。根据前区杀号规则，此时应该从下面这些号码中选择要杀的号码：18、02、06、10、04、10。假如这里杀号码 10，结果双色球第 2011047 期前区开出 04、13、23、25、27、33 六个号码，号码 10 没有开出，杀号成功。

上两期前区对应号码相乘所得的值通常情况下都超过33，所以只须取其尾数进行杀号即可，不必算出具体的值。比如16×17，只须知道其尾数是2，杀号码02即可，而这一眼就能看出来，完全无须运算出具体的值。但如果遇到所得的值小于33的情况，就需要运算出具体的值，比如3×8=24，此时杀号码24。而乘积小于33的两个数字相乘也是一眼就能看出结果来的，完全无须运算。所以总的来说，该方法并不需要复杂的运算。

2．分类

双色球上两期前区对应号码相乘共有6种不同的情形，所以就有6种不同的上两期前区对应号码相乘杀号法，分别为：

（1）上两期前区第一个号码相乘杀号法，就是用双色球上两期前区第一个号码相乘所得的值对应的号码杀下期前区一个号码的方法，本章统一用G_1指代这种杀号方法。

比如，双色球第2011048期前区开出10、14、18、25、26、27六个号码，第2011049期前区开出01、11、17、18、27、31六个号码，上两期前区第一个号码相乘所得的值为10，对应的号码就是10，那么下期前区选号时就可以剔除号码10。结果双色球第2011050期前区开出04、05、19、22、28、29六个号码，号码10没有开出，杀号成功。

（2）上两期前区第二个号码相乘杀号法，这里不再详述及举例（下同），本章统一用G_2指代这种杀号方法。

……

（6）上两期前区第六个号码相乘杀号法，本章统一用G_6指代这种杀号方法。

3．统计数据与方法分析

表3.13为双色球上两期前区对应号码相乘杀号法所包含的6种不同杀号方法的胜率统计表，统计周期为双色球从2003001期至2016105期，共2004期，该表已经按胜率由高到低进行了排序。

表 3.13 相乘杀号法的 6 种杀号方法胜率统计表

杀号方法	胜	败	胜率
G_5	1677	325	83.77%
G_2	1667	335	83.27%
G_3	1651	351	82.47%
G_6	1644	358	82.12%
G_1	1611	391	80.47%
G_4	1609	393	80.37%

从表 3.13 可以看出，杀号方法 G_5 的胜率明显高于理论胜率，并且该方法在双色球从第 2016106 期至第 2017002 期这 50 期之中，胜率也高达 88%。

3.6.4 上两期前区对应号码相除杀号法

1. 概念

上两期前区对应号码相除就是双色球上两期前区对应的六个号码分别相除，也就是上两期前区六个开奖号码中第一个号码除以第一个号码、第二个号码除以第二个号码……这里规定用前一期的号码除以后一期的号码，并且对所得的值进行四舍五入后取整。

比如，双色球第 2011043 期前区开出 04、13、14、17、25、31 六个号码，第 2011044 期前区开出 03、14、16、26、27、31 六个号码，那么上两期前区对应号码相除就是 4÷3、13÷14、14÷16、17÷26、25÷27、31÷31。

上两期前区对应号码相除杀号法，就是用双色球上两期前区对应号码相除所得的值进行四舍五入取整后所对应的号码分别杀下期前区一个号码的方法。比如，双色球第 2011045 期前区开出 02、16、17、20、26、32 六个号码，第 2011046 期前区开出 09、17、18、26、29、30 六个号码，上两期前区对应号码相除所得的值进行四舍五入取整后分别为：0、1、1、1、1、1。根据前区杀号规则，此时应该从 01 和 10 这两个号码中选择要杀的号码。假如这里杀号码 01，结果双色球第 2011047 期前区开出 04、13、23、25、27、33 六个号码，号码 01 没有开出，杀号成功。

2. 分类

双色球上两期前区对应号码相除共有6种不同的情形，所以就有6种不同的上两期前区对应号码相除杀号法，分别为：

（1）上两期前区第一个号码相除杀号法，就是用双色球上两期前区第一个号码相除所得的值进行四舍五入取整后所对应的号码杀下期前区一个号码的方法，本章统一用 H_1 指代这种杀号方法。

比如，双色球第2011048期前区开出10、14、18、25、26、27六个号码，第2011049期前区开出01、11、17、18、27、31六个号码，上两期前区第一个号码相除所得的值为10，对应的号码就是10，那么下期前区选号时就可以剔除号码10。结果双色球第2011050期前区开出04、05、19、22、28、29六个号码，号码10没有开出，杀号成功。

（2）上两期前区第二个号码相除杀号法，这里不再详述及举例（下同），本章统一用 H_2 指代这种杀号方法。

……

（6）上两期前区第六个号码相除杀号法，本章统一用 H_6 指代这种杀号方法。

3. 统计数据与方法分析

表3.14为双色球上两期前区对应号码相除杀号法所包含的6种不同杀号方法的胜率统计表，统计周期为双色球从第2003001期至第2016105期，共2004期，该表已经按胜率由高到低进行了排序。

表3.14 相除杀号法的6种杀号方法胜率统计表

杀号方法	胜	败	胜率
H_3	1635	367	81.67%
H_4	1627	375	81.27%
H_2	1626	376	81.22%
H_5	1622	380	81.02%
H_1	1607	395	80.27%
H_6	1604	398	80.12%

从表 3.14 可以看出，上两期前区对应号码相除杀号法所包含的 6 种不同杀号方法胜率都不高，所以这些方法都不适合用来杀号。但杀号方法 H_6 对应号码的出现次数高于前区最热号码 17 的出现次数，具有一定的定胆或选号价值。

经过双色球从第 2016106 期至第 2017002 期这 50 期的验证，杀号方法 H_3 的胜率在这 50 期高达 88%，但这种方法绝不适合用来杀号，因为该方法在前 2004 期杀号胜率太低了。

3.6.5 后区号码减特定数值杀号法

1. 有关说明

前面谈到过前区号码减特定数值杀号法，这里谈的后区号码减特定数值杀号法与前区号码减特定数值杀号法在概念、形式、分类等方面都很相似，所以这里不再详谈。

这里用大写字母 I 指代后区号码减特定数值杀号法，比如，I_1 指代后区号码减 1 杀号法，I_2 指代后区号码减 2 杀号法……

本章统计了双色球后区号码减 1~59 这 59 个特定数值的情形，因为这 59 种情形涵盖了后区号码减所有数值的情形，这里不再详细解释，下同。

2. 统计数据与方法分析

表 3.15 为双色球后区号码减特定数值杀号法所包含的 59 种不同杀号方法的胜率统计表，统计周期为双色球从第 2003001 期至第 2016105 期，共 2004 期，该表已经按胜率由高到低进行了排序。

表 3.15 后区号码减特定数值的杀号方法胜率统计表

杀号方法	胜	败	胜率
I_{41}	1684	319	84.07%
I_{10}	1679	324	83.82%
I_{25}	1672	331	83.47%
I_{24}	1671	332	83.42%

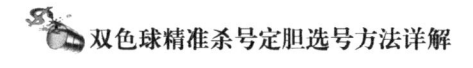

续表

杀号方法	胜	败	胜率
I_{36}	1669	334	83.33%
I_2	1668	335	83.28%
I_{50}	1667	336	83.23%
I_{38}	1664	339	83.08%
I_{47}	1664	339	83.08%
I_{31}	1657	346	82.73%
I_7	1656	347	82.68%
I_1	1652	351	82.48%
I_{40}	1651	352	82.43%
I_{51}	1651	352	82.43%
I_{57}	1647	356	82.23%
I_{58}	1647	356	82.23%
I_{20}	1645	358	82.13%
I_8	1644	359	82.08%
I_{14}	1643	360	82.03%
I_3	1643	360	82.03%
I_{35}	1643	360	82.03%
I_{39}	1643	360	82.03%
I_{12}	1642	361	81.98%
I_{34}	1642	361	81.98%
I_{48}	1641	362	81.93%
I_{11}	1639	364	81.83%
I_{30}	1639	364	81.83%
I_{42}	1639	364	81.83%
I_{16}	1637	366	81.73%
I_{18}	1637	366	81.73%
I_{37}	1637	366	81.73%
I_{44}	1637	366	81.73%
I_{45}	1637	366	81.73%
I_{55}	1636	367	81.68%
I_{19}	1635	368	81.63%
I_{17}	1633	370	81.53%
I_6	1633	370	81.53%
I_5	1632	371	81.48%
I_{56}	1632	371	81.48%

续表

杀号方法	胜	败	胜率
I_{23}	1631	372	81.43%
I_{26}	1631	372	81.43%
I_{43}	1629	374	81.33%
I_{46}	1629	374	81.33%
I_{49}	1628	375	81.28%
I_{28}	1627	376	81.23%
I_{21}	1624	379	81.08%
I_{33}	1624	379	81.08%
I_{52}	1624	379	81.08%
I_{54}	1623	380	81.03%
I_{29}	1622	381	80.98%
I_{27}	1621	382	80.93%
I_{53}	1618	385	80.78%
I_{59}	1612	391	80.48%
I_{9}	1610	393	80.38%
I_{15}	1609	394	80.33%
I_{4}	1606	397	80.18%
I_{13}	1603	400	80.03%
I_{22}	1600	403	79.88%
I_{32}	1595	408	79.63%

表 3.15 之中胜率排名前 3 位的杀号方法，其对应号码的出现次数都低于前区次冷号码 24 的出现次数，所以都具有一定的杀号意义。胜率排名后 4 位的杀号方法对应号码的出现次数都超过了前区最热号码 17 的出现次数，都具有很强的定胆和选号意义。

3. 对胜率高的杀号方法进行验证

表 3.16 为表 3.15 中胜率排名前 6 的杀号方法的胜率统计表，统计周期为双色球从第 2016106 期至第 2017002 期，共 50 期，该表已经按胜率由高到低进行了排序。

表 3.16 胜率排名前 6 的杀号方法胜率统计表

杀号方法	胜	败	胜率	原胜率
I_{24}	46	4	92.00%	83.42%
I_{10}	41	9	82.00%	83.82%
I_2	41	9	82.00%	83.28%
I_{36}	41	9	82.00%	83.33%
I_{25}	40	10	80.00%	83.47%
I_{41}	39	11	78.00%	84.07%

从表 3.16 可以看出，杀号方法 I_{24} 的胜率竟然高达 92%，可以说在双色球从第 2016106 期至第 2017002 期这 50 期之中，该方法用于杀号效果简直是逆天了。而杀号方法 I_{41} 的胜率却只有可怜的 78%，不过也不能就此就断定该方法不行，毕竟它可是经过 2000 多期的检验的。具体采用哪种杀号方法，大家必须考虑长期效果，不能只根据最近 50 期的效果。

3.6.6 后区号码加特定数值杀号法

1．有关说明

这里用大写字母 J 指代后区号码加特定数值杀号法，比如，J_1 指代后区号码加 1 杀号法，J_2 指代后区号码加 2 杀号法……

本章统计了双色球后区号码加 1～42 这 42 个特定数值的情形，因为这 42 种情形涵盖了后区号码加所有数值的情形。

2．统计数据与方法分析

表 3.17 为双色球后区号码加特定数值杀号法所包含的 42 种不同杀号方法的胜率统计表，统计周期为双色球从第 2003001 期至第 2016105 期，共 2004 期，该表已经按胜率由高到低进行了排序。

表 3.17 后区号码加特定数值的杀号方法胜率统计表

杀号方法	胜	败	胜率
J_{40}	1662	341	82.98%
J_{29}	1659	344	82.83%
J_6	1658	345	82.78%

第3章　前区精准杀号方法

续表

杀号方法	胜	败	胜率
J_{14}	1657	346	82.73%
J_{30}	1657	346	82.73%
J_1	1656	347	82.68%
J_{28}	1653	350	82.53%
J_{39}	1652	351	82.48%
J_9	1652	351	82.48%
J_3	1650	353	82.38%
J_{38}	1650	353	82.38%
J_{25}	1648	355	82.28%
J_{16}	1645	358	82.13%
J_{18}	1644	359	82.08%
J_5	1644	359	82.08%
J_8	1644	359	82.08%
J_{33}	1643	360	82.03%
J_{10}	1642	361	81.98%
J_{17}	1642	361	81.98%
J_{13}	1641	362	81.93%
J_{21}	1640	363	81.88%
J_{22}	1640	363	81.88%
J_{23}	1640	363	81.88%
J_{20}	1637	366	81.73%
J_{27}	1637	366	81.73%
J_{34}	1637	366	81.73%
J_{15}	1635	368	81.63%
J_{26}	1633	370	81.53%
J_{19}	1629	374	81.33%
J_{32}	1629	374	81.33%
J_{35}	1626	377	81.18%
J_{24}	1624	379	81.08%
J_{36}	1623	380	81.03%
J_{41}	1623	380	81.03%
J_{12}	1622	381	80.98%
J_4	1622	381	80.98%
J_{42}	1621	382	80.93%
J_{37}	1620	383	80.88%

续表

杀号方法	胜	败	胜率
J_{31}	1616	387	80.68%
J_{11}	1607	396	80.23%
J_7	1603	400	80.03%
J_2	1602	401	79.98%

从表 3.17 可以看出,后区号码加特定数值杀号法所包含的 42 种不同杀号方法的胜率都不高,都不适合用来杀号。但胜率排名后 3 位的杀号方法对应号码的出现次数都超过了前区最热号码 17 的出现次数,所以都具有一定的定胆和选号意义。

3. 对胜率高的杀号方法进行验证

表 3.18 为表 3.17 中胜率排名前 5 的杀号方法的胜率统计表,统计周期为双色球从第 2016106 期至第 2017002 期,共 50 期,该表已经按胜率由高到低进行了排序。

表 3.18 胜率排名前 5 的杀号方法胜率统计表

杀号方法	胜	败	胜率	原胜率
J_{30}	45	5	90.00%	82.73%
J_{40}	45	5	90.00%	82.98%
J_{29}	37	13	74.00%	82.83%
J_6	37	13	74.00%	82.78%
J_{14}	33	17	66.00%	82.73%

从表 3.18 可以看出,杀号方法 J_{30} 和 J_{40} 的胜率都高达 90%,但这不代表这种方法有杀号价值,还是要看长期效果。更特别的是,杀号方法 J_{14} 对应号码在这 50 期竟然出现了 17 次,出现概率为 34%,远超理论出现概率(18.18%)。这说明有些号码的确是阶段性热号,读者朋友们也可以对此类号码进行关注,但此类号码不适合长期坚守。

3.6.7 前区号码减后区号码杀号法

1. 概念

前区号码减后区号码就是双色球前区六个号码分别减后区号码。比如，双色球第2009015期前区开出02、04、06、15、17、32六个号码，后区开出号码05，前区六个号码减后区号码就是2-5=-3、4-5=-1、6-5=1、15-5=10、17-5=12、32-5=27。

前区号码减后区号码杀号法就是用双色球当期前区号码减后区号码所得的值对应的号码分别杀下期前区一个号码的方法。比如，双色球第2009016期前区开出02、07、13、16、20、33六个号码，后区开出号码03，前区号码减后区号码所得的值就是-1、4、10、13、17、30。根据前区杀号规则，此时应该从下面这些号码中选择要杀的号码：01、04、10、13、17、30。假如这里杀号码17，结果双色球第2009017期前区开出06、14、15、19、25、26六个号码，号码17没有开出，杀号成功。

2. 分类

双色球前区号码减后区号码共有6种不同的情形，所以就有6种不同的前区号码减后区号码杀号法，分别为：

前区第一个号码减后区号码杀号法，就是用双色球前区第一个号码减后区号码所得的值对应的号码杀下期前区一个号码的方法，本章统一用K_1指代这种杀号方法。比如，双色球第2003003期前区开出01、07、10、23、28、32六个号码，后区开出号码16，前区第一个号码减后区号码所得的值就是-15。根据前区杀号规则，此时应该杀号码15。结果双色球第2003004期前区开出04、06、07、10、13、25六个号码，号码15没有开出，杀号成功。

前区第二个号码减后区号码杀号法，这里不再详述及举例（下同），本章统一用K_2指代这种杀号方法。

……

前区第六个号码减后区号码杀号法，本章统一用K_6指代这种杀号方法。

3. 统计数据与方法分析

表 3.19 为双色球前区号码减后区号码杀号法所包含的 6 种不同杀号方法的胜率统计表，统计周期为双色球从第 2003001 期至第 2016105 期，共 2004 期，该表已经按胜率由高到低进行了排序。

表 3.19 前区号码减后区号码的杀号方法胜率统计表

杀号方法	胜	败	胜率
K_5	1647	356	82.23%
K_1	1646	357	82.18%
K_2	1644	359	82.08%
K_6	1630	373	81.38%
K_4	1622	381	80.98%
K_3	1601	402	79.93%

从表 3.19 可以看出，前区号码减后区号码杀号法所包含的 6 种不同杀号方法胜率都不高，所以这些方法都不适合用来杀号。但杀号方法 K_3 对应号码的出现次数高于前区最热号码 17 的出现次数，具有一定的定胆或选号价值。

经过双色球从第 2016106 期至第 2017002 期这 50 期的验证，杀号方法 K_5 的胜率在这 50 期高达 88%，但这种方法绝不适合用来杀号，因为该方法在前 2004 期杀号胜率与理论胜率相差无几。

3.6.8 上两期前区对应号码均值杀号法

1. 概念

上两期前区对应号码均值就是双色球上两期前区对应的六个号码分别相加再除以 2 并四舍五入后所得的值，也就是上两期前区六个开奖号码中第一个号码加第一个号码再除以 2 并四舍五入、第二个号码加第二个号码再除以 2 并四舍五入……所得的六个数值。比如，双色球第 2003070 期前区开出 01、02、04、17、18、19 六个号码，第 2003071 期前区开出 09、11、12、14、15、33 六个号码，那么上两期前区对应号码均值就是 (1+9)÷2=5、(2+11)÷2=6.5（四舍五入后取值 7）、(4+12)÷2=8、(17+14)÷2=15.5（四舍五入后取值 16）、

(15+18)÷2=16.5（四舍五入后取值17）、(19+33)÷2=26。

上两期前区对应号码均值杀号法，就是用双色球上两期前区对应号码均值对应的号码分别杀下期前区一个号码的方法。比如，双色球第2003075期前区开出16、17、19、22、31、33六个号码，第2003076期前区开出01、13、16、18、20、29六个号码，上两期前区对应号码均值分别为9、15、18、20、26、31，其对应的号码分别为09、15、18、20、26、31，那么下期前区选号时就可以剔除这些号码中的任意一个。假如这里剔除号码09，结果双色球第2003077期前区开出04、12、16、22、24、25六个号码，号码09没有开出，杀号成功。

2．分类

双色球上两期前区对应号码均值共有6种不同的情形，所以就有6种不同的上两期前区对应号码均值杀号法，分别为：

（1）上两期前区第一个号码均值杀号法，就是用双色球上两期前区第一个号码均值对应的号码杀下期前区一个号码的方法，本章统一用L_1指代这种杀号方法。比如，双色球第2008023期前区开出08、16、18、25、26、32六个号码，第2008024期前区开出11、20、21、26、28、30六个号码，上两期前区第一个号码均值为10，对应的号码就是10，那么下期前区选号时就可以剔除号码10。结果双色球第2008025期前区开出08、16、17、18、19、21六个号码，号码10没有开出，杀号成功。

（2）上两期前区第二个号码均值杀号法，这里不再详述及举例（下同），本章统一用L_2指代这种杀号方法。

……

（6）上两期前区第六个号码均值杀号法，本章统一用L_6指代这种杀号方法。

3．统计数据与方法分析

表3.20为双色球上两期前区对应号码均值杀号方法所包含的6种不同杀

号方法的胜率统计表，统计周期为双色球从第 2003001 期至第 2016105 期，共 2004 期，该表已经按胜率由高到低进行了排序。

表 3.20　前区对应号码均值杀号方法胜率统计表

杀号方法	胜	败	胜率
L_5	1649	353	82.37%
L_2	1646	356	82.22%
L_3	1646	356	82.22%
L_6	1642	360	82.02%
L_4	1630	372	81.42%
L_1	1617	385	80.77%

从表 3.20 可以看出，上两期前区对应号码均值杀号法的胜率均不高，所以这里不再进行具体分析。

经过双色球从第 2016106 期至第 2017002 期这 50 期的验证，杀号方法 L_5 的胜率在这 50 期高达 88%，但这种方法绝不适合用来杀号，因为该方法在前 2004 期杀号胜率与理论胜率相差无几。

3.6.9　前区号码杀号法

1．概念

前区号码杀号法就是用双色球当期前区六个号码中的任意一个号码分别杀下期前区一个号码的方法。比如，双色球第 2009016 期前区开出 02、07、13、16、20、33 六个号码，此时可以用这六个号码中的一个杀下期一个号码。假如这里杀号码 20，结果双色球第 2009017 期前区开出 06、14、15、19、25、26 六个号码，号码 20 没有开出，杀号成功。

2．分类

双色球前区每期开出 6 个号码，所以就有 6 种不同的前区号码杀号法，分别为：

（1）前区第一个号码杀号法，就是用双色球当期前区第一个号码杀下期前区一个号码的方法，本章统一用 M_1 指代这种杀号方法。比如，双色球第

2003003 期前区开出 01、07、10、23、28、32 六个号码，此时可以用号码 01 杀下期一个号码。结果双色球第 2003004 期前区开出 04、06、07、10、13、25 六个号码，号码 01 没有开出，杀号成功。

（2）前区第二个号码杀号法，这里不再详述及举例（下同），本章统一用 M_2 指代这种杀号方法。

……

（6）前区第六个号码杀号法，本章统一用 M_6 指代这种杀号方法。

3．统计数据与方法分析

表 3.21 为双色球前区号码杀号法所包含的 6 种不同杀号方法的胜率统计表，统计周期为双色球从第 2003001 期至第 2016105 期，共 2004 期，该表已经按胜率由高到低进行了排序。

表 3.21　前区号码杀号法胜率统计表

杀号方法	胜	败	胜率
M_3	1666	337	83.18%
M_5	1650	353	82.38%
M_2	1647	356	82.23%
M_6	1641	362	81.93%
M_4	1632	371	81.48%
M_1	1628	375	81.28%

从表 3.21 可以看出，前区号码杀号法所包含的 6 种不同杀号方法之中，只有杀号方法 M_3 的胜率超过了 83%，还算有一定的杀号价值。其余几个杀号方法胜率都是不高也不低，既不具备杀号价值，也不具备定胆或选号价值。

经过双色球从第 2016106 期至第 2017002 期这 50 期的验证，杀号方法 M_3 的胜率在这 50 期只有 74%。

3.6.10 前区其他杀号方法解析

1．后区号码杀号法

后区号码杀号法就是用双色球当期后区号码杀下期前区一个号码的方法，本章统一用 N_1 指代这种杀号方法。比如，双色球第 2008111 期后区开出号码 06，那么下期前区选号时就可以剔除号码 06。结果双色球第 2008112 期前区开出 05、13、14、19、22、23 六个号码，号码 06 没有开出，杀号成功。

2．后区号码 2 倍的值杀号法

后区号码 2 倍的值就是双色球后区号码乘以 2 所得的值。比如，双色球第 2008112 期后区开出号码 06，后区号码乘以 2 所得的值就是 6×2=12。

后区号码 2 倍的值杀号法，就是用双色球当期后区号码 2 倍的值对应的号码杀下期前区一个号码的方法，本章统一用 N_2 指代这种杀号方法。比如，双色球第 2008117 期后区开出号码 07，后区号码 2 倍的值就是 14，对应的号码就是 14，那么下期前区选号时就可以剔除号码 14。结果双色球第 2008118 期前区开出 04、09、16、27、31、33 六个号码，号码 14 没有开出，杀号成功。

3．前区均值杀号法

前区均值就是双色球前区六个号码的和除以 6 所得的值，若前区均值含有小数，则须四舍五入并取整。比如，双色球第 2008108 期前区开出 09、10、15、17、23、30 六个号码，则前区六个号码的和除以 6 所得的值为 (9+10+15+17+23+30)÷6=104÷6≈17.33，四舍五入取整后值为 17，前区均值就是 17。

前区均值杀号法就是用双色球当期前区均值对应的号码杀下期前区一个号码的方法，本章统一用 N_3 指代这种杀号方法。比如，双色球第 2008109 期前区开出 04、07、09、16、21、28 六个号码，前区均值取整后为 14，对应的号码就是 14，那么下期前区选号时就可以剔除号码 14。结果双色球第

2008110 期前区开出 10、16、22、23、29、31 六个号码,号码 14 没有开出,杀号成功。

4. 前区均值减后区号码杀号法

前区均值减后区号码杀号法就是用双色球前区均值减后区号码所得的值对应的号码杀下期前区一个号码的方法,本章统一用 N_4 指代这种杀号方法。比如,双色球第 2013021 期前区开出 01、06、17、19、26、31 六个号码,后区开出号码 11,前区均值取整后为 17,前区均值减后区号码所得的值为 6,对应的号码就是 06,那么下期前区选号时就可以剔除号码 06。结果双色球第 2013022 期前区开出 02、04、07、09、15、20 六个号码,号码 06 没有开出,杀号成功。

5. 当期第六个号码减上期第一个号码杀号法

当期第六个号码减上期第一个号码就是双色球当期前区第六个号码减上期前区第一个号码。比如,双色球第 2009019 期前区开出 06、17、19、20、26、27 六个号码,上期即第 2009018 期前区开出 02、05、06、19、27、30 六个号码,当期第六个号码减上期第一个号码就是 27-2=25。

当期第六个号码减上期第一个号码杀号法就是用双色球当期前区第六个号码减上期前区第一个号码所得的值对应的号码杀下期前区一个号码的方法,本章统一用 N_5 指代这种杀号方法。比如,双色球第 2009023 期前区开出 01、06、07、15、24、30 六个号码,上期即第 2009022 期前区开出 05、08、09、10、11、18 六个号码,当期第六个号码减上期第一个号码所得的值就是 25,对应的号码就是 25,那么下期前区选号时就可以剔除号码 25。结果双色球第 2009024 期前区开出 01、03、17、23、30、33 六个号码,号码 25 没有开出,杀号成功。

6. 上期第六个号码减当期第一个号码杀号法

上期第六个号码减当期第一个号码就是双色球上期前区第六个号码减当期前区第一个号码。比如,双色球第 2009026 期前区开出 11、15、17、18、

20、30 六个号码，上期即第 2009025 期前区开出 10、20、22、23、26、33 六个号码，上期第六个号码减当期第一个号码就是 33-11=22。

上期第六个号码减当期第一个号码杀号法就是用双色球上期前区第六个号码减当期前区第一个号码所得的值对应的号码杀下期前区一个号码的方法，本章统一用 N_6 指代这种杀号方法。比如，双色球第 2009030 期前区开出 08、14、24、26、28、32 六个号码，上一期即第 2009029 期前区开出 12、13、15、22、23、29 六个号码，上期第六个号码减当期第一个号码所得的值就是 21，对应的号码就是 21，那么下期前区选号时就可以剔除号码 21。结果双色球第 2009031 期前区开出 01、02、03、15、30、33 六个号码，号码 21 没有开出，杀号成功。

7. 上两期后区相减杀号法

上两期后区相减就是双色球上两期后区号码相减。比如，双色球第 2012056 期后区开出号码 10，上期即第 2012055 期后区开出号码 01，上两期后区相减就是 10-1=9。

上两期后区相减杀号法就是用双色球上两期后区相减所得的值对应的号码杀下期前区一个号码的方法，本章统一用 N_7 指代这种杀号方法。比如，双色球第 2012059 期后区开出号码 01，上期即第 2012058 期后区开出号码 04，上两期后区相减所得的值就是 3，对应的号码就是 03，那么下期前区选号时就可以剔除号码 03。结果双色球第 2012060 期前区开出 07、10、13、16、17、29 六个号码，号码 03 没有开出，杀号成功。

8. 上两期后区相加杀号法

上两期后区相加就是双色球上两期后区号码相加。比如，双色球第 2012056 期后区开出号码 10，上期即第 2012055 期后区开出号码 01，上两期后区相加就是 10+1=11。

上两期后区相加杀号法就是用双色球上两期后区相加所得的值对应的号码杀下期前区一个号码的方法，本章统一用 N_8 指代这种杀号方法。比如，双色球第 2012059 期后区开出号码 01，上期即第 2012058 期后区开出号码 04，上两期后区相加所得的值就是 5，对应的号码就是 05，那么下期前区选号时就可以剔除号码 05。结果双色球第 2012060 期前区开出 07、10、13、16、17、29 六个号码，号码 05 没有开出，杀号成功。

9. 上两期后区均值杀号法

上两期后区均值就是双色球上两期后区号码相加再除以 2 并四舍五入取整后所得的值。比如，双色球第 2012067 期后区开出号码 16，上一期即第 2012066 期后区开出号码 12，上两期后区均值就是（12+16）/2=14。

上两期后区均值杀号法就是用双色球上两期后区均值对应的号码杀下期前区一个号码的方法，本章统一用 N_9 指代这种杀号方法。比如，双色球第 2012069 期后区开出号码 06，上期即第 2012068 期后区开出号码 10，上两期后区均值就是 8，对应的号码就是 08，那么下期前区选号时就可以剔除号码 08。结果双色球第 2012070 期前区开出 02、03、04、24、31、32 六个号码，号码 08 没有开出，杀号成功。

10. 统计数据与方法分析

表 3.22 为上述 9 种杀号方法的胜率统计表，统计周期为双色球从第 2003001 期至第 2016105 期，共 2004 期，该表已经按胜率由高到低进行了排序。

表 3.22　9 种杀号方法胜率统计表

杀号方法	胜	败	胜率
N_7	1684	318	84.12%
N_6	1665	337	83.17%
N_5	1647	355	82.27%
N_1	1647	356	82.23%
N_4	1642	361	81.98%
N_9	1634	368	81.62%
N_2	1622	381	80.98%
N_3	1616	387	80.68%
N_8	1607	395	80.27%

从表 3.22 可以看出，上述九种杀号方法之中，只有 N_7 和 N_6 具备一定的

杀号价值，其余几个杀号方法胜率都是不高也不低，既不具备杀号价值，也不具备定胆或选号价值。

经过双色球从第 2016106 期至第 2017002 期这 50 期的验证，杀号方法 N_6 的胜率在这 50 期高达 88%，N_7 的胜率在这 50 期则只有 82%。

3.7 深入研究前区杀号方法

3.7.1 本章与百度阅读的异同

（1）百度阅读只统计了双色球前区 613 种杀号方法，本章则统计了 860 种（不包括本节第三项将要提到的 4 种同时杀两个号码的方法，下同），这不但是量的增加，更重要的还有质的飞跃。

比如对前区号码减特定数值杀号法和前区号码加特定数值杀号法，电子版进行了合并统计，并且只统计了前区号码加减 0～33、67～69、142857 这 38 个数值的情形，根本不足以涵盖这两种杀号方法的所有情形，而且还有一种重复情形（前区号码加 142857 的情形和前区号码加 57 的情形完全重合，而前区号码加 57 的情形和前区号码加 67 的情形也完全重合）。

本章则对以上两种杀号方法进行了分开统计，并对前区号码加减 0 杀号法（前区号码加减 0 杀号法就是前区号码杀号法，见本章第六节第九项）进行了专门统计。

本章对前区号码减特定数值杀号法统计了前区号码减 1～76 这 76 种情形，涵盖了前区号码减所有数值的情形，同时还剔除了其中的重复部分；对前区号码加特定数值杀号法统计了前区号码加 1～42 这 42 种情形，涵盖了前区号码加所有数值的情形，同时也剔除了其中的重复部分。

对后区号码减特定数值杀号法和后区号码加特定数值杀号法，电子版也进行了合并统计，并且只统计了后区号码加减 1～34 这 34 个数值的情形，同样不足以涵盖这两种杀号方法的所有情形。

第 3 章 前区精准杀号方法

本章同样对以上两种杀号方法进行了分开统计,并对后区号码加减 0 杀号法(后区号码加减 0 杀号法就是后区号码杀号法,见本章第六节第十项第一分项)进行了专门统计。

本章对后区号码减特定数值杀号法统计了后区号码减 1~59 这 59 种情形,涵盖了后区号码减所有数值的情形;对后区号码加特定数值杀号法统计了后区号码加 1~42 这 42 种情形,涵盖了后区号码加所有数值的情形。

本章还增加了上两期前区对应号码相乘杀号法和上两期前区对应号码相除杀号法,这两类方法各包含 6 种不同的杀号方法,其中有些具备杀号价值,有些则具备定胆或选号价值。

(2)去掉了百度阅读电子版一些没有意义或无法运用的杀号方法,还去掉了"特殊现象",这些内容不但占据了大量篇幅,而且对杀号、定胆、选号均无价值。

① 百度阅读电子版有提到末尾两码的积取尾杀号法和末尾两码的商取尾杀号法,本章去掉了这两种方法,因为这两类杀号方法所包含的 8 种不同杀号法的胜率都不高也不低,既不具备杀号价值,也不具备定胆或选号价值。

② 百度阅读电子版提到过大奇小奇均值杀号法。大奇小奇均值就是双色球前区六个号码之中最大的奇数号码加最小的奇数号码再除以 2 所得的值。大奇小奇均值杀号法就是用双色球当期前区大奇小奇均值对应的号码杀下期前区一个号码的方法。适用大奇小奇均值杀号法有一个前提,就是双色球前区六个号码之中必须有两个或者两个以上的奇数号码。

当时我之所以统计大奇小奇均值杀号法,是因为网上广泛流传着一个谎言,就是有人未经任何统计就指出大奇小奇均值杀号法胜率高达 98%,并以此为幌子吸引不明真相的网友浏览或者下载其文章。

事实上,这种方法并不是每一期都能用到。如果当期双色球前区开不出两个或两个以上奇数号码,就无法运用这种方法进行杀号。并且经过我当时的统计,发现该方法在当时 1700 多期数据之中的胜率仅为 81.54%,根本达不到所谓的 98%。这种胜率在本章统计的 860 种杀号方法之中，只能排在第 535 名。虽然又过了 200 多期，但我敢绝对担保其胜率绝对不会高于 83%，也绝对不会低于 80%，所以这种方法根本没有什么意义，既不能用于杀号，也不能用于定胆，必须淘汰。

③ 百度阅读电子版专门用一节介绍了轮流杀号法，胜率很高，但是根本无法运用，所以本章去掉了这部分内容。这种方法为什么无法运用呢？因为读者朋友们根本不知道从哪一期开始轮流使用 7 种不同的方法进行杀号。就算本书能确定接下来一段时间该怎么轮流使用这 7 种方法，但由于双色球开奖期数的不确定性，本书也无法长期确定该怎么轮流使用这 7 种方法，读者朋友们就更加无法确定了。

④ 百度阅读电子版提到了很多"特殊现象"，比如当双色球前区第二个号码减第一个号码所得的值为 18 时，下期每次都开出号码 18；当双色球前区第二个号码减第一个号码所得的值为 19 时，下期从来没有开出过号码 19；当双色球前区第三个号码减第一个号码所得的值为 20、21 或 24 时，使用第三个号码减第一个号码杀号法胜率为 100%……现在我意识到，这些"特殊现象"其实只是偶然现象，根本不具有杀号、定胆或选号方面的价值，所以本书去掉了这部分内容。

3.7.2 胜率最高、最低的前区杀号方法及其价值

这部分内容也是本章新增的，百度阅读电子版没有。之所以增加这部分内容，是为了让读者朋友们能够对前区杀号方法有个更清晰、更全面的认识，不至于看完之后还糊里糊涂的，不知道哪种方法好用呢。

表 3.23 为本章统计的 860 种杀号方法之中胜率最高的 26 种杀号方法的胜率统计表，统计周期为双色球从第 2003001 期至第 2016105 期，共 2004 期，该表已经按胜率由高到低进行了排序。

之所以给出这 26 种胜率最高的杀号方法，是因为这 26 种杀号方法对应号码的出现次数都低于前区次冷号码 24 的出现次数，所以都具有一定的杀号

价值。并且胜率最高的杀号方法 C_{5-38} 对应号码的出现次数甚至低于前区最冷号码 33 的出现次数，更是杀号方法的首选。

表 3.23 杀号方法和胜率统计表

杀号方法	胜	败	胜率
C_{5-38}	1697	306	84.72%
C_{4-35}	1694	309	84.57%
D_{6+1}	1689	314	84.32%
D_{1+27}	1688	315	84.27%
D_{2+2}	1685	318	84.12%
N_7	1684	318	84.12%
D_{1+20}	1684	319	84.07%
I_{41}	1684	319	84.07%
D_{1+18}	1683	320	84.02%
C_{3-29}	1682	321	83.97%
D_{3+15}	1680	323	83.87%
C_{3-45}	1679	324	83.82%
I_{10}	1679	324	83.82%
G_5	1677	325	83.77%
C_{1-26}	1677	326	83.72%
C_{4-31}	1677	326	83.72%
F_6	1676	326	83.72%
D_{4+23}	1676	327	83.67%
C_{2-18}	1675	328	83.62%
D_{4+1}	1675	328	83.62%
C_{3-48}	1673	330	83.52%
C_{3-55}	1673	330	83.52%
D_{1+28}	1673	330	83.52%
C_{3-1}	1672	331	83.47%
C_{5-54}	1672	331	83.47%
I_{25}	1672	331	83.47%

表 3.24 为本章统计的 860 种杀号方法中胜率最低的 37 种杀号方法的胜率统计表，统计周期为双色球从第 2003001 期至第 2016105 期，共 2004 期，该表已经按胜率由高到低进行了排序。

之所以给出这 37 种胜率最低的杀号方法，是因为这 37 种杀号方法对应号码的出现次数都高于前区最热号码 17 的出现次数，所以都具有一定的定胆或选号价值。

表 3.24　胜率最低的杀号方法胜率统计表

杀号方法	胜	败	胜率
B_{6+5}	1607	396	80.23%
C_{2-45}	1607	396	80.23%
C_{5-44}	1607	396	80.23%
J_{11}	1607	396	80.23%
C_{2-36}	1606	397	80.18%
C_{2-50}	1606	397	80.18%
C_{3-3}	1606	397	80.18%
I_4	1606	397	80.18%
C_{4-27}	1605	398	80.13%
C_{5-47}	1605	398	80.13%
D_{1+3}	1605	398	80.13%
D_{3+37}	1605	398	80.13%
H_6	1604	398	80.12%
C_{4-48}	1604	399	80.08%
C_{6-47}	1604	399	80.08%
D_{1+33}	1604	399	80.08%
D_{2+38}	1603	400	80.03%
I_{13}	1603	400	80.03%
J_7	1603	400	80.03%
A_{4-2}	1602	401	79.98%
J_2	1602	401	79.98%
C_{5-49}	1601	402	79.93%
D_{1+1}	1601	402	79.93%
K_3	1601	402	79.93%
C_{1-9}	1600	403	79.88%
D_{1+41}	1600	403	79.88%
I_{22}	1600	403	79.88%
C_{1-49}	1599	404	79.83%
C_{6-62}	1598	405	79.78%
C_{1-59}	1597	406	79.73%

续表

杀号方法	胜	败	胜率
C_{1-69}	1597	406	79.73%
D_{1+15}	1595	408	79.63%
I_{32}	1595	408	79.63%
C_{2-2}	1586	417	79.18%
C_{4-14}	1586	417	79.18%
C_{6-7}	1585	418	79.13%
C_{6-11}	1577	426	78.73%

杀号方法 C_{6-11} 对应号码的出现次数和杀号方法 C_{5-38} 对应号码的出现次数竟然相差 120 次，这不是特征是什么？你要选号，你选哪一个呢？当然选杀号方法 C_{6-11} 对应的号码了。

不经过如此大范围的统计，能发现这样的特征吗？当然不能。这就是本书进行如此大范围的统计的意义之所在。

本书以后提到胜率最高的前区杀号方法均指在本章统计的 860 种杀号方法之中胜率最高的杀号方法，胜率最低的前区杀号方法均指在本章统计的 860 种杀号方法之中胜率最低的杀号方法，以后不再解释。

3.7.3 同时使用两种或两种以上杀号方法详解

百度阅读电子版对同时使用两种或两种以上杀号方法的问题进行了特别说明，当时得出的结论是：同时使用不同杀号方法进行杀号胜率都很低。那么经过一年多 200 多期双色球开奖，这个结论是否还正确呢？答案是肯定的。

表 3.25 为同时使用胜率最高的 5 种杀号方法中的若干种进行杀号的胜率统计表，统计周期为双色球从第 2003001 期至第 2016105 期，共 2004 期，该表已经按胜率由高到低进行了排序。

表 3.25 若干种杀号方法结合的杀号方法胜率统计表

杀号方法	胜	败	胜率
O_2	1469	534	73.34%
O_3	1228	775	61.31%

续表

杀号方法	胜	败	胜率
O_4	1035	968	51.67%
O_5	877	1126	43.78%

注：O_2 表示同时使用胜率最高的两种杀号方法 C_{5-38} 和 C_{4-35} 进行杀号；

O_3 表示同时使用胜率最高的三种杀号方法 C_{5-38}、C_{4-35} 和 D_{6+1} 进行杀号；

O_4 表示同时使用胜率最高的四种杀号方法 C_{5-38}、C_{4-35}、D_{6+1} 和 D_{1+27} 进行杀号；

O_5 表示同时使用胜率最高的五种杀号方法 C_{5-38}、C_{4-35}、D_{6+1}、D_{1+27} 和 D_{2+2} 进行杀号。

从表 3.25 可以看出，同时使用不同杀号方法进行杀号胜率的确都很低。要知道，杀错一个号码就不可能中一等奖了。所以杀号不可贪多，关键在于杀对。基于这个原因，本章对同时使用不同杀号方法进行杀号的情况没有进行详细分析，建议大家不要同时使用不同杀号方法进行杀号。

这就引出了一个新的问题，就是杀号到底有没有意义？杀号和定胆哪个更有用？

3.7.4 杀号和定胆哪个更有用

杀 1 个号码之后，前区 33 选 6 就变成了 32 选 6，但定 1 个胆码之后，前区 33 选 6 就变成了 32 选 5；

杀 2 个号码之后，前区 33 选 6 就变成了 31 选 6，但定 2 个胆码之后，前区 33 选 6 就变成了 31 选 4；

……

由此不难看出，定胆比杀号更能提高中奖概率，所以定胆比杀号更有用。

本书认为，定胆比杀号重要得多，所以本书并不支持杀号。非要杀号不可的话，每期也只能杀一个号码，最好不要同时杀两个或两个以上号码。那本书为什么还要统计这么多杀号方法的胜率呢？这个问题前面已有论述，但这里还要强调一下。

统计任何一种杀号方法，本质上都是为了找出这种杀号方法的对应号码在统计周期内的出现次数或未出现次数（未出现次数和统计总次数的比就是杀号方法的胜率）。出现次数多的号码自然可以用来定胆或选号，未出现次数多（也就是出现次数少）的号码则具有一定的杀号价值。也就是说，统计这么多杀号方法就是为了找出有价值的杀号、定胆或选号方法，接下来对后区杀号方法进行大范围的统计，同样是基于这个原因。

第 **4** 章

后区精准杀号方法

第3章对双色球前区杀号方法进行了详细介绍，后区杀号方法基本上沿袭前区杀号方法，第 3 章用来杀前区号码的方法，本章挪过来用于杀后区号码。有鉴于此，本章对后区各种杀号方法的概念和分类等不再进行详细解释（对此不太了解的读者可以参看第 3 章有关内容）。

4.1 后区精准杀号规则

4.1.1 规则详述

第一,本规则适用于本章所有杀号方法,本章一律将本规则称为"后区杀号规则"。

第二,本章所有杀号方法都需要经过特定运算得到一个数值,该数值对应的号码就是该杀号方法所杀的号码。

第三,数值若在 1~16 范围内,则直接杀该数值对应的号码。比如,某杀号方法经过运算得到数值 1,那就杀数值 1 对应的号码 01;经过运算得到数值 2,那就杀数值 2 对应的号码 02……经过运算得到数值 16,那就杀数值 16 对应的号码 16。

第四,数值若超出 1~16 的范围,则按以下规则进行杀号:

(1)数值为 0,杀号码 10。

(2)数值尾数为 0,杀号码 10。数值尾数即数值的个位数。比如数值为 20、30……100、110……时,都杀号码 10。

(3)数值尾数不为 0,杀其尾数对应的号码。比如,数值为 17 时,杀其尾数 7 对应的号码 07;数值为 45 时,杀其尾数 5 对应的号码 05;数值为 108 时,杀其尾数 8 对应的号码 08……

(4)数值为负时,取其绝对值进行杀号。绝对值超出 1~16 的范围时,按本条第 2 项、第 3 项的规定杀号。比如,数值为-1 时,杀其绝对值 1 对应的号码 01;数值为-2 时,杀其绝对值 2 对应的号码 02;数值为-17 时,杀其绝对值 17 的尾数 7 对应的号码 07;数值为-103 时,杀其绝对值 103 的尾数 3 对应的号码 03……

4.1.2 后区杀号方法的理论胜率

双色球后区每期从 16 个号码之中开出 1 个号码,所以理论上每个号码每期开出的概率为 1/16,即 6.25%,那么理论上每个号码每期开不出的概率就是 93.75%。理论上每个号码每期开不出的概率就是双色球后区杀一个号码的理论胜率。所以,双色球后区杀一个号码的理论胜率为 93.75%。

双色球后区每个号码在 2003 期之中的理论出现次数均为 125.19 次,而实际上在第 2003002 期至第 2016105 期这 2003 期之中(因为绝大部分杀号方法都是从第 2003002 期开始验证的,所以这里必须从第 2003002 期开始统计不同号码的出现次数),最热的号码 09 出现的次数为 139 次,最冷的号码 08 出现的次数为 111 次,都大幅偏离了理论出现次数。

某种杀号方法对应号码的出现次数如果能够超过 139 次,就具有很强的定胆或选号意义;如果能够低于 111 次,就具有很强的杀号意义。

本章规定将后区号码 09 称为后区最热号码,将后区号码 08 称为后区最冷号码。

4.2 前区号码互减杀号法

4.2.1 概念与分类

前区号码互减杀号法就是用双色球当期前区号码互减所得的值对应的号码分别杀下期后区一个号码的方法。

鉴于第 3 章已经对有关概念进行过详细解释,本章对任何杀号方法都不再进行详细解释或举例(个别杀号方法分类与第 3 章有所不同,到时会进行必要的解释)。

(1)第六个号码减第一个号码杀号法,本章统一用 A_{6-1} 指代这种杀号方法。

（2）第六个号码减第二个号码杀号法，本章统一用 A_{6-2} 指代这种杀号方法。

……

（15）第二个号码减第一个号码杀号法，本章统一用 A_{2-1} 指代这种杀号方法。

4.2.2 统计数据与方法分析

表 4.1 为双色球前区号码互减杀号法所包含的 15 种不同杀号方法的胜率统计表，统计周期为双色球从第 2003001 期至第 2016105 期，共 2004 期，该表已经按胜率由高到低进行了排序。

表 4.1 前区号码互减杀号法胜率统计表

杀号方法	胜	败	胜率
A_{6-2}	1901	102	94.91%
A_{6-1}	1894	109	94.56%
A_{5-1}	1893	110	94.51%
A_{2-1}	1892	111	94.46%
A_{5-3}	1886	117	94.16%
A_{6-3}	1885	118	94.11%
A_{4-2}	1879	124	93.81%
A_{4-3}	1877	126	93.71%
A_{5-4}	1877	126	93.71%
A_{6-4}	1877	126	93.71%
A_{6-5}	1876	127	93.66%
A_{4-1}	1875	128	93.61%
A_{3-2}	1874	129	93.56%
A_{3-1}	1871	132	93.41%
A_{5-2}	1871	132	93.41%

从表 4.1 可以看出，胜率排名前 3 位的杀号方法对应号码出现次数都低于 111 次，所以都具有一定的杀号意义。

4.2.3 对胜率高的杀号方法进行验证

表 4.2 为表 4.1 中胜率排名前三的杀号方法的胜率统计表，统计周期为双色球从第 2016106 期至第 2017002 期，共 50 期，该表已经按胜率由高到低进行了排序。

表 4.2 胜率排名前三的杀号方法胜率统计表

杀号方法	胜	败	胜率	原胜率
A_{6-2}	48	2	96.00%	94.91%
A_{5-1}	46	4	92.00%	94.51%
A_{6-1}	46	4	92.00%	94.56%

表 4.2 中，原胜率是指该杀号方法在前面 2004 期统计中的胜率，其余相同。

4.3 前区号码互加杀号法

4.3.1 概念与分类

前区号码互加杀号法就是用双色球当期前区号码互加所得的值对应的号码分别杀下期后区一个号码的方法。

（1）第六个号码加第一个号码杀号法，本章统一用 B_{6+1} 指代这种杀号方法。

（2）第六个号码加第二个号码杀号法，本章统一用 B_{6+2} 指代这种杀号方法。

……

（15）第二个号码加第一个号码杀号法，本章统一用 B_{2+1} 指代这种杀号方法。

4.3.2 统计数据与方法分析

表 4.3 为双色球前区号码互加杀号法所包含的 15 种不同杀号方法的胜率统计表,统计周期为双色球从第 2003001 期至第 2016105 期,共 2004 期,该表已经按胜率由高到低进行了排序。

表 4.3 前区号码互加杀号法胜率统计表

杀号方法	胜	败	胜率
B_{4+1}	1910	93	95.36%
B_{6+2}	1905	98	95.11%
B_{2+1}	1897	106	94.71%
B_{4+2}	1895	108	94.61%
B_{6+1}	1887	116	94.21%
B_{6+5}	1887	116	94.21%
B_{5+2}	1883	120	94.01%
B_{3+2}	1880	123	93.86%
B_{5+4}	1880	123	93.86%
B_{6+3}	1875	128	93.61%
B_{3+1}	1874	129	93.56%
B_{5+1}	1873	130	93.51%
B_{5+3}	1873	130	93.51%
B_{4+3}	1863	140	93.01%
B_{6+4}	1862	141	92.96%

从表 4.3 可以看出,胜率排名前四位的杀号方法对应号码出现次数都低于 111 次,所以都具有一定的杀号意义;胜率排名后两位的杀号方法对应号码出现次数都超过 139 次,所以都具有一定的定胆或选号意义。

4.3.3 对胜率高的杀号方法进行验证

表 4.4 为表 4.3 中胜率排名前三的杀号方法的胜率统计表,统计周期为双色球从第 2016106 期至第 2017002 期,共 50 期,该表已经按胜率由高到低进行了排序。

表 4.4　杀号方法和胜率统计表

杀号方法	胜	败	胜率	原胜率
B_{6+2}	49	1	98.00%	95.11%
B_{4+1}	48	2	96.00%	95.36%
B_{2+1}	46	4	92.00%	94.71%

4.4　前区号码减特定数值杀号法

4.4.1　概念与分类

前区号码减特定数值杀号法，就是用双色球当期前区号码减特定数值所得的值对应的号码分别杀下期后区一个号码的方法。

本章统计了双色球前区 6 个号码分别减 1~59 这 59 个特定数值的情形，并剔除了其中 15 种与其他情形完全重合的杀号方法，所以共有 339 种不同的杀号方法，分别为：

第一个号码减 1 杀号法，本章统一用 C_{1-1} 指代这种杀号方法。

第二个号码减 1 杀号法，本章统一用 C_{2-1} 指代这种杀号方法。

……

第六个号码减 59 杀号法，本章统一用 C_{6-59} 指代这种杀号方法。

4.4.2　统计数据与方法分析

双色球前区号码减特定数值杀号法所包含的不同杀号方法有 339 种之多，这里同样只列出胜率最高和胜率最低的各 30 种杀号方法的胜率。

表 4.5 为双色球前区号码减特定数值杀号法中胜率最高的 30 种杀号方法的胜率统计表，统计周期为双色球从第 2003001 期至第 2016105 期，共 2004 期，该表已经按胜率由高到低进行了排序。

表4.5 胜率最高的30种杀号方法胜率统计表

杀号方法	胜	败	胜率
C_{6-8}	1922	81	95.96%
C_{6-28}	1913	90	95.51%
C_{3-47}	1907	96	95.21%
C_{5-47}	1906	97	95.16%
C_{5-30}	1905	98	95.11%
C_{6-50}	1905	98	95.11%
C_{4-45}	1904	99	95.06%
C_{4-55}	1903	100	95.01%
C_{5-49}	1903	100	95.01%
C_{3-43}	1902	101	94.96%
C_{3-53}	1902	101	94.96%
C_{5-1}	1902	101	94.96%
C_{3-27}	1899	104	94.81%
C_{3-13}	1898	105	94.76%
C_{3-37}	1898	105	94.76%
C_{3-17}	1897	106	94.71%
C_{4-25}	1897	106	94.71%
C_{4-32}	1897	106	94.71%
C_{5-10}	1897	106	94.71%
C_{1-31}	1896	107	94.66%
C_{2-15}	1896	107	94.66%
C_{4-15}	1896	107	94.66%
C_{5-19}	1896	107	94.66%
C_{6-46}	1896	107	94.66%
C_{5-57}	1895	108	94.61%
C_{6-3}	1895	108	94.61%
C_{1-20}	1894	109	94.56%
C_{1-41}	1894	109	94.56%
C_{1-51}	1894	109	94.56%
C_{4-52}	1894	109	94.56%

表4.6为双色球前区号码减特定数值杀号法之中胜率最低的30种杀号方法的胜率统计表,统计周期为双色球从第2003001期至第2016105期,共2004期,该表已经按胜率由高到低进行了排序。

表 4.6 胜率最低的 30 种杀号方法胜率统计表

杀号方法	胜	败	胜率
C_{6-37}	1865	138	93.11%
C_{1-19}	1864	139	93.06%
C_{2-54}	1864	139	93.06%
C_{3-4}	1864	139	93.06%
C_{3-55}	1864	139	93.06%
C_{4-11}	1864	139	93.06%
C_{4-21}	1864	139	93.06%
C_{5-35}	1864	139	93.06%
C_{6-17}	1864	139	93.06%
C_{4-26}	1863	140	93.01%
C_{5-3}	1863	140	93.01%
C_{2-14}	1862	141	92.96%
C_{2-34}	1862	141	92.96%
C_{1-24}	1861	142	92.91%
C_{2-29}	1861	142	92.91%
C_{6-5}	1860	143	92.86%
C_{6-6}	1860	143	92.86%
C_{6-25}	1859	144	92.81%
C_{6-57}	1859	144	92.81%
C_{4-13}	1858	145	92.76%
C_{4-2}	1858	145	92.76%
C_{5-23}	1858	145	92.76%
C_{6-19}	1858	145	92.76%
C_{4-6}	1857	146	92.71%
C_{5-12}	1856	147	92.66%
C_{3-30}	1853	150	92.51%
C_{6-47}	1849	154	92.31%
C_{5-41}	1846	157	92.16%
C_{5-31}	1843	160	92.01%
C_{5-51}	1837	166	91.71%

对双色球后区杀号方法的统计，到现在终于有了实质性进展。前面统计的杀号方法的胜率与理论胜率差别都不是很大，彼此之间胜率差别也不是很大。但前区号码减特定数值杀号法所包含的 339 种杀号方法之中，胜率排名

靠前或靠后的若干种杀号方法,其胜率与理论胜率都已经有了明显的、较大的差别,这对于杀号、定胆或选号都有十分重大的意义。

表 4.5 之中胜率排名前 30 位的杀号方法,其对应号码的出现次数都低于 111 次,所以都具有一定的杀号意义。

表 4.6 之中胜率排名后 21 位的杀号方法对应号码出现次数都超过 139 次,所以都具有一定的定胆或选号意义。

并且杀号方法 C_{6-8} 对应号码的出现次数只有 81 次,比理论出现次数低了约 35.3%,比后区最冷号码 08 的出现次数低了约 27%。

同时杀号方法 C_{5-51} 对应号码的出现次数高达 166 次,比理论出现次数高了约 32.61%,比后区最热号码 09 的出现次数高了约 19.42%。

而杀号方法 C_{5-51} 和 C_{6-8} 对应号码的出现次数竟然相差了 85 次,前者对应号码的出现次数居然是后者的 2.05 倍!这不是特征是什么?若非经过如此大范围的统计,又怎会找出这样的特征?

4.4.3 对胜率高的杀号方法进行验证

表 4.7 为表 4.5 之中胜率排名前十五的杀号方法的胜率统计表,统计周期为双色球从第 2016106 期至第 2017002 期,共 50 期,该表已经按胜率由高到低进行了排序。

表 4.7 排名前十五的杀号方法胜率统计表

杀号方法	胜	败	胜率	原胜率
C_{3-13}	49	1	98.00%	94.76%
C_{5-1}	49	1	98.00%	94.96%
C_{5-47}	49	1	98.00%	95.16%
C_{3-37}	48	2	96.00%	94.76%
C_{3-47}	48	2	96.00%	95.21%
C_{4-45}	48	2	96.00%	95.06%
C_{6-8}	48	2	96.00%	95.96%
C_{3-27}	47	3	94.00%	94.81%

续表

杀号方法	胜	败	胜率	原胜率
$C_{4\text{-}55}$	47	3	94.00%	95.01%
$C_{6\text{-}28}$	46	4	92.00%	95.51%
$C_{5\text{-}49}$	45	5	90.00%	95.01%
$C_{6\text{-}50}$	45	5	90.00%	95.11%
$C_{3\text{-}43}$	44	6	88.00%	94.96%
$C_{3\text{-}53}$	44	6	88.00%	94.96%
$C_{5\text{-}30}$	44	6	88.00%	95.11%

从表 4.7 可以看出，杀号方法 $C_{6\text{-}8}$ 的确是经得起检验的，在从 2016106 期至 2017002 期这 50 期中其胜率仍然高达 96%，纵然不是这 50 期之中胜率最高的杀号方法，我仍然推荐大家使用这种方法进行杀号。

4.5 前区号码加特定数值杀号法

4.5.1 概念与分类

前区号码加特定数值杀号法，就是用双色球当期前区号码加特定数值所得的值对应的号码分别杀下期后区一个号码的方法。

本章统计了双色球前区 6 个号码分别加 1～25 这 25 个特定数值的情形，并剔除了其中 15 种与其他情形完全重合的杀号方法，所以共有 135 种不同的杀号方法，分别为：

（1）第一个号码加 1 杀号法，本章统一用 D_{1+1} 指代这种杀号方法。

（2）第二个号码加 1 杀号法，本章统一用 D_{2+1} 指代这种杀号方法。

……

（135）第六个号码加 25 杀号法，本章统一用 D_{6+25} 指代这种杀号方法。

4.5.2 统计数据与方法分析

双色球前区号码加特定数值杀号法所包含的不同杀号方法有 135 种之多，这里同样只列出胜率最高和胜率最低的各 30 种杀号方法的胜率。

表 4.8 为双色球前区号码加特定数值杀号法中胜率最高的 30 种杀号方法的胜率统计表，统计周期为双色球从第 2003001 期至第 2016105 期，共 2004 期，该表已经按胜率由高到低进行了排序。

表 4.8 胜率最高的 30 种杀号方法胜率统计表

杀号方法	胜	败	胜率
D_{6+12}	1920	83	95.86%
D_{6+2}	1920	83	95.86%
D_{4+13}	1902	101	94.96%
D_{4+3}	1899	104	94.81%
D_{1+20}	1897	106	94.71%
D_{4+6}	1897	106	94.71%
D_{5+19}	1897	106	94.71%
D_{5+4}	1897	106	94.71%
D_{5+9}	1897	106	94.71%
D_{5+14}	1896	107	94.66%
D_{5+10}	1895	108	94.61%
D_{5+20}	1895	108	94.61%
D_{3+3}	1894	109	94.56%
D_{4+15}	1894	109	94.56%
D_{4+16}	1894	109	94.56%
D_{3+21}	1893	110	94.51%
D_{1+5}	1892	111	94.46%
D_{2+11}	1892	111	94.46%
D_{3+11}	1892	111	94.46%
D_{3+20}	1892	111	94.46%
D_{1+1}	1891	112	94.41%
D_{2+21}	1891	112	94.41%
D_{3+17}	1891	112	94.41%
D_{2+9}	1890	113	94.36%
D_{1+9}	1889	114	94.31%

续表

杀号方法	胜	败	胜率
D_{2+13}	1889	114	94.31%
D_{2+15}	1889	114	94.31%
D_{2+16}	1889	114	94.31%
D_{6+13}	1889	114	94.31%
D_{6+3}	1889	114	94.31%

表4.9为双色球前区号码加特定数值杀号法中胜率最低的30种杀号方法的胜率统计表，统计周期为双色球从第2003001期至第2016105期，共2004期，该表已经按胜率由高到低进行了排序。

表4.9 胜率最低的30种杀号方法胜率统计表

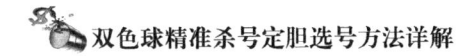

杀号方法	胜	败	胜率
D_{3+6}	1872	131	93.46%
D_{5+13}	1872	131	93.46%
D_{1+7}	1871	132	93.41%
D_{4+19}	1871	132	93.41%
D_{1+3}	1870	133	93.36%
D_{4+9}	1870	133	93.36%
D_{5+3}	1869	134	93.31%
D_{2+7}	1868	135	93.26%
D_{5+1}	1868	135	93.26%
D_{3+12}	1867	136	93.21%
D_{6+1}	1867	136	93.21%
D_{6+11}	1867	136	93.21%
D_{2+10}	1866	137	93.16%
D_{2+20}	1866	137	93.16%
D_{4+17}	1866	137	93.16%
D_{1+4}	1865	138	93.11%
D_{3+22}	1865	138	93.11%
D_{6+14}	1865	138	93.11%
D_{6+4}	1864	139	93.06%
D_{2+2}	1863	140	93.01%
D_{4+14}	1863	140	93.01%
D_{4+4}	1863	140	93.01%
D_{4+7}	1863	140	93.01%

续表

杀号方法	胜	败	胜率
D_{5+17}	1862	141	92.96%
D_{5+7}	1862	141	92.96%
D_{3+16}	1861	142	92.91%
D_{3+2}	1861	142	92.91%
D_{1+10}	1857	146	92.71%
D_{6+15}	1856	147	92.66%
D_{6+5}	1856	147	92.66%

表 4.8 中胜率排名前 16 位的杀号方法,其对应号码的出现次数都低于 111 次,所以都具有一定的杀号意义。

表 4.9 中胜率排名后 11 位的杀号方法对应号码出现次数都超过 139 次,所以都具有一定的定胆或选号意义。

4.5.3 对胜率高的杀号方法进行验证

表 4.10 为表 4.8 中胜率排名前十的杀号方法的胜率统计表,统计周期为双色球从第 2016106 期至第 2017002 期,共 50 期,该表已经按胜率由高到低进行了排序。

表 4.10 胜率排名前十的杀号方法胜率统计表

杀号方法	胜	败	胜率	原胜率
D_{1+20}	49	1	98.00%	94.71%
D_{4+6}	49	1	98.00%	94.71%
D_{5+19}	49	1	98.00%	94.71%
D_{5+9}	49	1	98.00%	94.71%
D_{4+13}	48	2	96.00%	94.96%
D_{4+3}	48	2	96.00%	94.81%
D_{6+12}	48	2	96.00%	95.86%
D_{6+2}	48	2	96.00%	95.86%
D_{5+14}	47	3	94.00%	94.66%
D_{5+4}	47	3	94.00%	94.71%

从表 4.10 可以看出,杀号方法 D_{6+2}、D_{6+12} 都是经得起检验的,尽管其胜

率在双色球从 2016106 期至第 2017002 期这 50 期之中不是最高的,但其胜率依然高达 96%。

4.6 上两期前区对应号码互减杀号法

4.6.1 概念与分类

上两期前区对应号码互减杀号法,就是用双色球上两期前区对应号码互减所得的值对应的号码分别杀下期后区一个号码的方法。

双色球上两期前区对应号码互减共有 6 种不同的情形,所以就有 6 种不同的上两期前区对应号码互减杀号法,分别为:

(1)上两期前区第一个号码互减杀号法,本章统一用 E_1 指代这种杀号方法。

(2)上两期前区第二个号码互减杀号法,本章统一用 E_2 指代这种杀号方法。

……

(6)上两期前区第六个号码互减杀号法,本章统一用 E_6 指代这种杀号方法。

4.6.2 统计数据与方法分析

表 4.11 为双色球上两期前区对应号码互减杀号法所包含的 6 种不同杀号方法的胜率统计表,统计周期为双色球从第 2003001 期至第 2016105 期,共 2004 期,该表已经按胜率由高到低进行了排序。

表 4.11 前区对应号码互减杀号法胜率统计表

杀号方法	胜	败	胜率
E_6	1892	110	94.51%

续表

杀号方法	胜	败	胜率
E_3	1882	120	94.01%
E_2	1877	125	93.76%
E_5	1871	131	93.46%
E_1	1861	141	92.96%
E_4	1860	142	92.91%

从表 4.11 可以看出，胜率排名第一位的杀号方法对应号码出现次数低于 111 次，所以具有一定的杀号意义；胜率排名后两位的杀号方法对应号码出现次数都超过 139 次，所以都具有一定的定胆或选号意义。

经过双色球从第 2016106 期至第 2017002 期这 50 期的验证，杀号方法 E_6 的胜率在这 50 期为 94%。

4.7 上两期前区对应号码互加杀号法

4.7.1 概念与分类

上两期前区对应号码互加杀号法，就是用双色球上两期前区对应号码互加所得的值对应的号码分别杀下期后区一个号码的方法。

双色球上两期前区对应号码互加共有 6 种不同的情形，所以就有 6 种不同的上两期前区对应号码互加杀号法，分别为：

（1）上两期前区第一个号码互加杀号法，本章统一用 F_1 指代这种杀号方法。

（2）上两期前区第二个号码互加杀号法，本章统一用 F_2 指代这种杀号方法。

……

（6）上两期前区第六个号码互加杀号法，本章统一用 F_6 指代这种杀号方法。

4.7.2 统计数据与方法分析

表 4.12 为双色球上两期前区对应号码互加杀号法所包含的 6 种不同杀号方法的胜率统计表，统计周期为双色球从第 2003001 期至第 2016105 期，共 2004 期，该表已经按胜率由高到低进行了排序。

表 4.12 前区对应号码互加杀号法胜率统计表

杀号方法	胜	败	胜率
F_5	1879	123	93.86%
F_6	1879	123	93.86%
F_4	1875	127	93.66%
F_1	1870	132	93.41%
F_2	1864	138	93.11%
F_3	1856	146	92.71%

从表 4.12 可以看出，胜率排名最后一位的杀号方法对应号码出现次数超过 139 次，所以具有一定的定胆或选号意义。

经过双色球从第 2016106 期至第 2017002 期这 50 期的验证，杀号方法 F_5 的胜率在这 50 期高达 98%。

4.8 上两期前区对应号码相乘杀号法

4.8.1 概念与分类

上两期前区对应号码相乘杀号法，就是用双色球上两期前区对应号码相乘所得的值对应的号码分别杀下期后区一个号码的方法。

双色球上两期前区对应号码相乘共有 6 种不同的情形，所以就有 6 种不同的上两期前区对应号码相乘杀号法，分别为：

（1）上两期前区第一个号码相乘杀号法，本章统一用 G_1 指代这种杀号方法。

（2）上两期前区第二个号码相乘杀号法，本章统一用 G_2 指代这种杀号方法。

……

（6）上两期前区第六个号码相乘杀号法，本章统一用 G_6 指代这种杀号方法。

4.8.2 统计数据与方法分析

表 4.13 为双色球上两期前区对应号码相乘杀号法所包含的 6 种不同杀号方法的胜率统计表，统计周期为双色球从第 2003001 期至第 2016105 期，共 2004 期，该表已经按胜率由高到低进行了排序。

表 4.13 前区对应号码相乘杀号法胜率统计表

杀号方法	胜	败	胜率
G_4	1891	111	94.46%
G_1	1890	112	94.41%
G_2	1886	116	94.21%
G_5	1882	120	94.01%
G_6	1879	123	93.86%
G_3	1867	135	93.26%

从表 4.13 可以看出，双色球上两期前区对应号码相乘杀号法所包含的 6 种不同杀号方法胜率与理论胜率都相差无几，既不具备杀号意义，也不具备定胆或选号意义。

杀号方法 G_4 在双色球从第 2016106 期至第 2017002 期的 50 期中，胜率为 94%。

4.9 上两期前区对应号码相除杀号法

4.9.1 概念与分类

上两期前区对应号码相除杀号法，就是用双色球上两期前区对应号码相除所得的值进行四舍五入取整后所对应的号码分别杀下期后区一个号码的方法。

双色球上两期前区对应号码相除共有 6 种不同的情形，所以就有 6 种不同的上两期前区对应号码相除杀号法，分别为：

（1）上两期前区第一个号码相除杀号法，本章统一用 H1 指代这种杀号方法。

（2）上两期前区第二个号码相除杀号法，本章统一用 H2 指代这种杀号方法。

……

（6）上两期前区第六个号码相除杀号法，本章统一用 H6 指代这种杀号方法。

4.9.2 统计数据与方法分析

表 4.14 为双色球上两期前区对应号码相除杀号法所包含的 6 种不同杀号方法的胜率统计表，统计周期为双色球从第 2003001 期至第 2016105 期，共 2004 期，该表已经按胜率由高到低进行了排序。

表 4.14 前区对应号码相除杀号法胜率统计表

杀号方法	胜	败	胜率
H_1	1878	124	93.81%
H_3	1875	127	93.66%
H_4	1875	127	93.66%
H_2	1872	130	93.51%

续表

杀号方法	胜	败	胜率
H_6	1871	131	93.46%
H_5	1869	133	93.36%

从表 4.14 可以看出，双色球上两期前区对应号码相除杀号法所包含的 6 种不同杀号方法胜率与理论胜率都相差无几，既不具备杀号意义，也不具备定胆或选号意义。

杀号方法 H_1 在双色球从第 2016106 期至第 2017002 期的 50 期中，胜率为 96%。

4.10 后区号码减特定数值杀号法

4.10.1 方法说明

这里用大写字母 I 指代后区号码减特定数值杀号法，比如，I_1 指代后区号码减 1 杀号法，I_2 指代后区号码减 2 杀号法……

本章统计了双色球后区号码减 1~42 这 42 个特定数值的情形。

4.10.2 统计数据与方法分析

表 4.15 为双色球后区号码减特定数值杀号法所包含的 42 种不同杀号方法的胜率统计表，统计周期为双色球从第 2003001 期至第 2016105 期，共 2004 期，该表已经按胜率由高到低进行了排序。

表 4.15 42 种不同杀号方法胜率统计表

杀号方法	胜	败	胜率
I_7	1901	102	94.91%
I_2	1899	104	94.81%
I_{16}	1891	112	94.41%
I_{36}	1891	112	94.41%
I_{31}	1890	113	94.36%

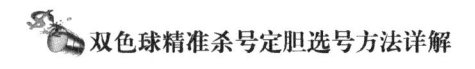

杀号方法	胜	败	胜率
I_4	1890	113	94.36%
I_9	1890	113	94.36%
I_5	1889	114	94.31%
I_{29}	1888	115	94.26%
I_{26}	1887	116	94.21%
I_{35}	1887	116	94.21%
I_{41}	1887	116	94.21%
I_{33}	1886	117	94.16%
I_{30}	1885	118	94.11%
I_{37}	1885	118	94.11%
I_{11}	1884	119	94.06%
I_{20}	1884	119	94.06%
I_{40}	1884	119	94.06%
I_{17}	1883	120	94.01%
I_{18}	1883	120	94.01%
I_{10}	1879	124	93.81%
I_{15}	1879	124	93.81%
I_{39}	1878	125	93.76%
I_{23}	1877	126	93.71%
I_{27}	1877	126	93.71%
I_3	1877	126	93.71%
I_8	1877	126	93.71%
I_{34}	1876	127	93.66%
I_6	1876	127	93.66%
I_1	1875	128	93.61%
I_{12}	1874	129	93.56%
I_{38}	1874	129	93.56%
I_{19}	1873	130	93.51%
I_{24}	1873	130	93.51%
I_{28}	1872	131	93.46%
I_{32}	1871	132	93.41%
I_{14}	1870	133	93.36%
I_{21}	1870	133	93.36%
I_{22}	1867	136	93.21%
I_{42}	1865	138	93.11%

续表

杀号方法	胜	败	胜率
I_{13}	1864	139	93.06%
I_{25}	1857	146	92.71%

从表 4.15 可以看出,胜率排名前两位的杀号方法对应号码出现次数都低于 111 次,所以都具有一定的杀号意义;胜率排名最后一位的杀号方法对应号码出现次数超过 139 次,所以具有一定的定胆或选号意义。

4.10.3　对胜率高的杀号方法进行验证

表 4.16 为表 4.15 之中胜率排名前六的杀号方法的胜率统计表,统计周期为双色球从第 2016106 期至第 2017002 期,共 50 期,该表已经按胜率由高到低进行了排序。

表 4.16　胜率排名前六杀号方法和胜率统计表

杀号方法	胜	败	胜率	原胜率
I_2	48	2	96.00%	94.81%
I_4	48	2	96.00%	94.36%
I_{36}	48	2	96.00%	94.41%
I_7	47	3	94.00%	94.91%
I_{31}	47	3	94.00%	94.36%
I_{16}	46	4	92.00%	94.41%

从表 4.16 可以看出,杀号方法 I_2、I_4 和 I_{36} 在双色球从 2016106 期至 2017002 期这 50 期之中,胜率都高达 96%,也可以说是经得起检验的杀号方法。

4.11　后区号码加特定数值杀号法

4.11.1　方法说明

这里用大写字母 J 指代后区号码加特定数值杀号法,比如,J_1 指代后区号码加 1 杀号法,J_2 指代后区号码加 2 杀号法……

本章统计了双色球后区号码加 1～25 这 25 个特定数值的情形。

4.11.2 统计数据与方法分析

表 4.17 为双色球后区号码加特定数值杀号法所包含的 25 种不同杀号方法的胜率统计表,统计周期为双色球从第 2003001 期至第 2016105 期,共 2004 期,该表已经按胜率由高到低进行了排序。

表 4.17 25 种不同杀号方法胜率统计表

杀号方法	胜	败	胜率
J_{18}	1899	104	94.81%
J_{15}	1898	105	94.76%
J_{8}	1898	105	94.76%
J_{25}	1894	109	94.56%
J_{23}	1893	110	94.51%
J_{5}	1892	111	94.46%
J_{6}	1892	111	94.46%
J_{21}	1891	112	94.41%
J_{11}	1887	116	94.21%
J_{12}	1886	117	94.16%
J_{16}	1886	117	94.16%
J_{22}	1884	119	94.06%
J_{1}	1882	121	93.96%
J_{2}	1880	123	93.86%
J_{13}	1877	126	93.71%
J_{19}	1874	129	93.56%
J_{17}	1871	132	93.41%
J_{9}	1867	136	93.21%
J_{14}	1866	137	93.16%
J_{3}	1866	137	93.16%
J_{24}	1864	139	93.06%
J_{10}	1863	140	93.01%
J_{7}	1861	142	92.91%
J_{20}	1857	146	92.71%
J_{4}	1855	148	92.61%

从表 4.17 可以看出，胜率排名前五位的杀号方法对应号码出现次数都低于 111 次，所以都具有一定的杀号意义；胜率排名后四位的杀号方法对应号码出现次数都超过 139 次，所以都具有一定的定胆或选号意义。

4.11.3 对胜率高的杀号方法进行验证

表 4.18 为表 4.17 中胜率排名前三的杀号方法的胜率统计表，统计周期为双色球从 2016106 期至 2017002 期，共 50 期，该表已经按胜率由高到低进行了排序。

表 4.18 排名前三的杀号方法胜率统计表

杀号方法	胜	败	胜率	原胜率
J_{18}	47	3	94.00%	94.81%
J_{15}	46	4	92.00%	94.76%
J_8	45	5	90.00%	94.76%

从表 4.18 可以看出，杀号方法 J18 在双色球从第 2016106 期至第 2017002 期这 50 期之中，胜率高达 94%，也可以说是经得起检验的杀号方法。

4.12 前区号码减后区号码杀号法

4.12.1 概念和分类

前区号码减后区号码杀号法就是用双色球当期前区号码减后区号码所得的值对应的号码分别杀下期后区一个号码的方法。

双色球前区号码减后区号码共有 6 种不同的情形，所以就有 6 种不同的前区号码减后区号码杀号法，分别为：

1. 前区第一个号码减后区号码杀号法，本章统一用 K_1 指代这种杀号方法。

2. 前区第二个号码减后区号码杀号法，本章统一用 K_2 指代这种杀号方法。

……

6. 前区第六个号码减后区号码杀号法，本章统一用 K_6 指代这种杀号方法。

4.12.2 统计数据与方法分析

表 4.19 为双色球前区号码减后区号码杀号法所包含的 6 种不同杀号方法的胜率统计表，统计周期为双色球从第 2003001 期至第 2016105 期，共 2004 期，该表已经按胜率由高到低进行了排序。

表 4.19　6 种不同杀号方法胜率统计表

杀号方法	胜	败	胜率
K_2	1889	114	94.31%
K_3	1888	115	94.26%
K_5	1883	120	94.01%
K_1	1880	123	93.86%
K_6	1872	131	93.46%
K_4	1864	139	93.06%

从表 4.19 可以看出，双色球前区号码减后区号码杀号法所包含的 6 种不同杀号方法胜率与理论胜率都相差无几，既不具备杀号意义，也不具备定胆或选号意义。

杀号方法 K_2 在双色球从第 2016106 期至第 2017002 期这 50 期之中，胜率高达 98%，但本书依然不推荐使用这种方法进行杀号。

4.13　上两期前区对应号码均值杀号法

4.13.1　概念和分类

上两期前区对应号码均值杀号法，就是用双色球上两期前区对应号码均值对应的号码分别杀下期后区一个号码的方法。

双色球上两期前区对应号码均值共有 6 种不同的情形,所以就有 6 种不同的上两期前区对应号码均值杀号法,分别为:

(1)上两期前区第一个号码均值杀号法,本章统一用 L_1 指代这种杀号方法。

(2)上两期前区第二个号码均值杀号法,本章统一用 L_2 指代这种杀号方法。

……

(6)上两期前区第六个号码均值杀号法,本章统一用 L_6 指代这种杀号方法。

4.13.2 统计数据与方法分析

表 4.20 为双色球上两期前区对应号码均值杀号法所包含的 6 种不同杀号方法的胜率统计表,统计周期为双色球从第 2003001 期至第 2016105 期,共 2004 期,该表已经按胜率由高到低进行了排序。

表 4.20 6 种不同杀号方法胜率统计表

杀号方法	胜	败	胜率
L_4	1895	107	94.66%
L_5	1891	111	94.46%
L_6	1890	112	94.41%
L_2	1884	118	94.11%
L_3	1878	124	93.81%
L_1	1871	131	93.46%

从表 4.20 可以看出,杀号方法 L_4 对应号码出现次数低于 111 次,所以具有一定的杀号意义。

经过双色球从第 2016106 期至第 2017002 期这 50 期的验证,杀号方法 L_4 的胜率在这 50 期为 92%。

4.14 前区号码杀号法

4.14.1 概念与分类

前区号码杀号法就是用双色球当期前区六个号码中的任意一个号码分别杀下期后区一个号码的方法。

双色球前区每期开出 6 个号码,所以就有 6 种不同的前区号码杀号法,分别为:

(1)前区第一个号码杀号法,本章统一用 M_1 指代这种杀号方法。

(2)前区第二个号码杀号法,本章统一用 M_2 指代这种杀号方法。

……

(6)前区第六个号码杀号法,本章统一用 M_6 指代这种杀号方法。

4.14.2 统计数据与方法分析

表 4.21 为双色球前区号码杀号法所包含的 6 种不同杀号方法的胜率统计表,统计周期为双色球从第 2003001 期至第 2016105 期,共 2004 期,该表已经按胜率由高到低进行了排序。

表 4.21　6 种不同杀号方法胜率统计表

杀号方法	胜	败	胜率
M_5	1898	105	94.76%
M_1	1895	108	94.61%
M_2	1879	124	93.81%
M_3	1878	125	93.76%
M_4	1876	127	93.66%
M_6	1873	130	93.51%

从表 4.21 可以看出,胜率排名前两位的杀号方法对应号码出现次数都低于 111 次,所以具有一定的杀号意义。

经过双色球从第 2016106 期至第 2017002 期这 50 期的验证，杀号方法 M_5 的胜率在这 50 期为 94%。

4.15 后区其他杀号方法解析

后区杀号方法见表 4.22 所示。

表 4.22 杀号名称和详解

序号	杀号名称	简介
1	后区号码杀号法	后区号码杀号法就是用双色球当期后区号码杀下期后区一个号码的方法，本章统一用 N_1 指代这种杀号方法
2	后区号码 2 倍的值杀号法	后区号码 2 倍的值杀号法就是用双色球当期后区号码 2 倍的值对应的号码杀下期后区一个号码的方法，本章统一用 N_2 指代这种杀号方法
3	前区均值杀号法	前区均值杀号法就是用双色球当期前区均值对应的号码杀下期后区一个号码的方法，本章统一用 N_3 指代这种杀号方法
4	前区均值减后区号码杀号法	前区均值减后区号码杀号法就是用双色球前区均值减后区号码所得的值对应的号码杀下期后区一个号码的方法，本章统一用 N_4 指代这种杀号方法
5	当期第六个号码减上期第一个号码杀号法	当期第六个号码减上期第一个号码杀号法就是用双色球当期前区第六个号码减上期前区第一个号码所得的值对应的号码杀下期后区一个号码的方法，本章统一用 N_5 指代这种杀号方法
6	上期第六个号码减当期第一个号码杀号法	上期第六个号码减当期第一个号码杀号法就是用双色球上期前区第六个号码减当期前区第一个号码所得的值对应的号码杀下期后区一个号码的方法，本章统一用 N_6 指代这种杀号方法
7	上两期后区相减杀号法	上两期后区相减杀号法就是用双色球上两期后区相减所得的值对应的号码杀下期后区一个号码的方法，本章统一用 N_7 指代这种杀号方法
8	上两期后区相加杀号法	上两期后区相加杀号法就是用双色球上两期后区相加所得的值对应的号码杀下期后区一个号码的方法，本章统一用 N_8 指代这种杀号方法
9	上两期后区均值杀号法	上两期后区均值杀号法就是用双色球上两期后区均值对应的号码杀下期后区一个号码的方法，本章统一用 N_9 指代这种杀号方法

除了前面说明的原因外，用户还可以通过统计数据和方法来进行分析。

表 4.23 为上述 9 种杀号方法的胜率统计表，统计周期为双色球从第 2003001 期至第 2016105 期，共 2004 期，该表已经按胜率由高到低进行了排序。

表 4.23　9 种方法的杀号方法胜率统计表

杀号方法	胜	败	胜率
N_5	1893	109	94.56%
N_3	1889	114	94.31%
N_8	1888	114	94.31%
N_2	1885	118	94.11%
N_6	1879	123	93.86%
N_7	1879	123	93.86%
N_9	1876	126	93.71%
N_4	1861	142	92.91%
N_1	1860	143	92.86%

从表 4.23 可以看出，胜率排名第一位的杀号方法对应号码的出现次数低于 111 次，所以具有一定的杀号意义；胜率排名后两位的杀号方法对应号码出现次数都超过 139 次，所以都具有一定的定胆或选号意义。

经过双色球从第 2016106 期至第 2017002 期这 50 期的验证，杀号方法 N_5 的胜率在这 50 期为 96%。

4.16　深入研究后区杀号方法

4.16.1　本章与百度阅读的异同

1. 百度阅读只统计了双色球后区 188 种杀号方法，本章则统计了 622 种（不包括下面将要提到的 15 种同时杀两个号码的方法），这不但是量的巨幅增加，更重要的还是质的巨大飞跃

比如对前区号码减特定数值杀号法和前区号码加特定数值杀号法，电子版进行了合并统计，并且只统计了前区号码加减 0～3 这 4 个数值的情形，根

第 4 章 后区精准杀号方法

本不足以涵盖这两种杀号方法的所有情形。本章则对以上两种杀号方法进行了分开统计，并对前区号码加减 0 杀号法（前区号码加减 0 杀号法就是前区号码杀号法，见本章 4.14 节了进行了专门统计。

本章对前区号码减特定数值杀号法统计了前区号码减 1-59 这 59 种情形，涵盖了前区号码减所有数值的情形，同时还剔除了其中的重复部分；对前区号码加特定数值杀号法统计了前区号码加 1~25 这 25 种情形,涵盖了前区号码加所有数值的情形，同时也剔除了其中的重复部分。

对后区号码减特定数值杀号法和后区号码加特定数值杀号法，电子版也进行了合并统计，并且只统计了后区号码加减 1~34 这 34 个数值的情形，同样不足以涵盖这两种杀号方法的所有情形，并且有大量重复。比如，1+26 和 1+16 完全重复、1+27 和 1+17 完全重复……1+24 和 1+34 完全重复。

本章同样对以上两种杀号方法进行了分开统计，并对后区号码加减 0 杀号法（后区号码加减 0 杀号法就是后区号码杀号法，见本章进行了专门统计。

本章对后区号码减特定数值杀号法统计了后区号码减 1~42 这 42 种情形，涵盖了后区号码减所有数值的情形；对后区号码加特定数值杀号法统计了后区号码加 1~25 这 25 种情形,涵盖了后区号码加所有数值的情形，同时避免了重复统计。

本章还增加了上两期前区对应号码相乘杀号法和上两期前区对应号码相除杀号法。

以上只是量的不同，但更重要的还是质的巨大飞跃。

百度阅读统计的杀号方法之中对应号码出现次数少于当时的后区最冷号码 04 的出现次数的只有 16 种，而且还包括无法运用的 4 种轮流杀号方法。而本章统计的杀号方法之中对应号码出现次数少于现在的后区最冷号码 08 的出现次数的则多达 69 种，而且不含轮流杀号法。也就是说本章统计的杀号方法之中有多达 69 种方法都具有很强的杀号价值，更何况本章统计的胜率最高的杀号方法 C_{6-8}，其胜率高达 95.96%，已经非常接近百度阅读上胜率最高的轮流杀号法了。但轮流杀号法却无法运用（因为根本无法确定从哪一期开始轮流运用），而本章统计的任何杀号方法都是可以直接运用的，并且很方便。

但重要的不是杀号效果，而是定胆或选号效果。百度阅读统计的杀号方法之中对应号码出现次数高于当时的后区最热号码 09 的出现次数的只有 3 种，以至于当时提出八值选号法时不得不使用一些对应号码出现次数低于号码 09 的出现次数的杀号方法。而本章统计的杀号方法之中对应号码出现次数高于现在的后区最热号码 09 的出现次数的则多达 44 种，这对于探索后区定胆或选号方法有着极为重要的意义，后面本书提出后区选号方法就有了更多、更好的选择。

2．去掉了百度阅读电子版一些没有意义或无法运用的杀号方法

百度阅读电子版有提到末尾两码的积取尾杀号法和末尾两码的商取尾杀号法，本章去掉了这两种方法，因为这两类杀号方法所包含的 4 种不同杀号方法的胜率都不高也不低，既不具备杀号价值，也不具备定胆或选号价值。

百度阅读电子版专门用一节介绍了轮流杀号法，胜率很高，但是根本无法运用，读者朋友们根本不知道从哪一期开始轮流使用 4 种不同的方法进行杀号。

4.16.2　胜率最高、最低的前区杀号方法及其价值

这部分内容也是本章新增的，百度阅读电子版没有。

表 4.24 为本章统计的 622 种杀号方法中胜率最高的 69 种杀号方法的胜率统计表，统计周期为双色球从第 2003001 期至第 2016105 期，共 2004 期，该表已经按胜率由高到低进行了排序。

之所以给出这 69 种胜率最高的杀号方法，是因为这 69 种杀号方法对应号码的出现次数都低于后区最冷号码 08 的出现次数，所以都具有一定的杀号价值。

第 4 章　后区精准杀号方法

表 4.24　69 种杀号方法胜率统计表

杀号方法	胜	败	胜率
C_{6-8}	1922	81	95.96%
C_{6+12}	1920	83	95.86%
C_{6+2}	1920	83	95.86%
C_{6-28}	1913	90	95.51%
B_{4+1}	1910	93	95.36%
C_{3-47}	1907	96	95.21%
C_{5-47}	1906	97	95.16%
B_{6+2}	1905	98	95.11%
C_{5-30}	1905	98	95.11%
C_{6-50}	1905	98	95.11%
C_{4-45}	1904	99	95.06%
C_{4-55}	1903	100	95.01%
C_{5-49}	1903	100	95.01%
C_{3-43}	1902	101	94.96%
C_{3-53}	1902	101	94.96%
C_{4+13}	1902	101	94.96%
C_{5-1}	1902	101	94.96%
A_{6-2}	1901	102	94.91%
I_7	1901	102	94.91%
C_{3-27}	1899	104	94.81%
C_{4+3}	1899	104	94.81%
I_2	1899	104	94.81%
J_{18}	1899	104	94.81%
C_{3-13}	1898	105	94.76%
C_{3-37}	1898	105	94.76%
J_{15}	1898	105	94.76%
J_8	1898	105	94.76%
M_5	1898	105	94.76%
B_{2+1}	1897	106	94.71%
C_{1+20}	1897	106	94.71%
C_{3-17}	1897	106	94.71%
C_{4+6}	1897	106	94.71%
C_{4-25}	1897	106	94.71%
C_{4-32}	1897	106	94.71%

续表

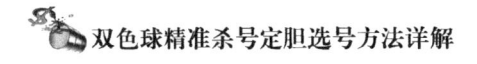

杀号方法	胜	败	胜率
C_{5+19}	1897	106	94.71%
C_{5+4}	1897	106	94.71%
C_{5+9}	1897	106	94.71%
C_{5-10}	1897	106	94.71%
C_{1-31}	1896	107	94.66%
C_{2-15}	1896	107	94.66%
C_{4-15}	1896	107	94.66%
C_{5+14}	1896	107	94.66%
C_{5-19}	1896	107	94.66%
C_{6-46}	1896	107	94.66%
L_4	1895	107	94.66%
B_{4+2}	1895	108	94.61%
C_{5+10}	1895	108	94.61%
C_{5+20}	1895	108	94.61%
C_{5-57}	1895	108	94.61%
C_{6-3}	1895	108	94.61%
M_1	1895	108	94.61%
A_{6-1}	1894	109	94.56%
C_{1-20}	1894	109	94.56%
C_{1-41}	1894	109	94.56%
C_{1-51}	1894	109	94.56%
C_{3+3}	1894	109	94.56%
C_{4+15}	1894	109	94.56%
C_{4+16}	1894	109	94.56%
C_{4-52}	1894	109	94.56%
J_{25}	1894	109	94.56%
N_5	1893	109	94.56%
A_{5-1}	1893	110	94.51%
C_{1-11}	1893	110	94.51%
C_{2-43}	1893	110	94.51%
C_{2-53}	1893	110	94.51%
C_{3+21}	1893	110	94.51%
C_{3-11}	1893	110	94.51%
C_{5-26}	1893	110	94.51%
J_{23}	1893	110	94.51%

第4章 后区精准杀号方法

表 4.25 为本章统计的 622 种杀号方法之中胜率最低的 44 种杀号方法的胜率统计表，统计周期为双色球从第 2003001 期至第 2016105 期，共 2004 期，该表已经按胜率由高到低进行了排序。

之所以给出这 44 种胜率最低的杀号方法，是因为这 44 种杀号方法对应号码的出现次数都高于后区最热号码 09 的出现次数，所以都具有一定的定胆或选号价值。

表 4.25 杀号方法和胜率统计表

杀号方法	胜	败	胜率
B_{4+3}	1863	140	93.01%
D_{2+2}	1863	140	93.01%
D_{4+14}	1863	140	93.01%
D_{4+4}	1863	140	93.01%
D_{4+7}	1863	140	93.01%
C_{4-26}	1863	140	93.01%
C_{5-3}	1863	140	93.01%
J_{10}	1863	140	93.01%
B_{6+4}	1862	141	92.96%
C_{2-14}	1862	141	92.96%
C_{2-34}	1862	141	92.96%
D_{5+17}	1862	141	92.96%
D_{5+7}	1862	141	92.96%
E_1	1861	141	92.96%
C_{1-24}	1861	142	92.91%
C_{2-29}	1861	142	92.91%
D_{3+16}	1861	142	92.91%
D_{3+2}	1861	142	92.91%
J_7	1861	142	92.91%
N_4	1861	142	92.91%
E_4	1860	142	92.91%
C_{6-5}	1860	143	92.86%
C_{6-6}	1860	143	92.86%
N_1	1860	143	92.86%
C_{6-25}	1859	144	92.81%
C_{6-57}	1859	144	92.81%

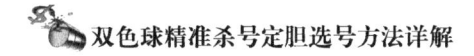

续表

杀号方法	胜	败	胜率
C_{4-13}	1858	145	92.76%
C_{4-2}	1858	145	92.76%
C_{5-23}	1858	145	92.76%
C_{6-19}	1858	145	92.76%
D_{1+10}	1857	146	92.71%
C_{4-6}	1857	146	92.71%
I_{25}	1857	146	92.71%
J_{20}	1857	146	92.71%
F_3	1856	146	92.71%
C_{5-12}	1856	147	92.66%
D_{6+15}	1856	147	92.66%
D_{6+5}	1856	147	92.66%
J_4	1855	148	92.61%
C_{3-30}	1853	150	92.51%
C_{6-47}	1849	154	92.31%
C_{5-41}	1846	157	92.16%
C_{5-31}	1843	160	92.01%
C_{5-51}	1837	166	91.71%

4.16.3 同时使用两种或两种以上杀号方法详解

1. 有关说明

这部分也是本章新增内容，百度阅读电子版没有。

为了能让读者朋友杀更多后区号码，我特意从胜率最高的前10种后区杀号方法中挑出6种方法，测验同时使用其中两种方法进行杀号的效果。这6种方法分别为：C_{6-8}、B_{4+1}、C_{3-47}、B_{6+2}、C_{5-30}、C_{6-50}。之所以去掉另外4种杀号方法，是因为另外4种方法与上述6种杀号方法对应的号码大部分都重合。

这里将上述6种杀号方法分别用大写数字代替，见表4.26。

第 4 章 后区精准杀号方法

表 4.26 杀号方法与代称

方　　法	代　　称
C_{6-8}	一
B_{4+1}	二
C_{3-47}	三
B_{6+2}	四
C_{5-30}	五
C_{6-50}	六

这里用 O_1 指代同时使用一、二两种方法进行杀号，用 O_2 指代同时使用一、三两种方法进行杀号，O_3 指代同时使用一、四两种方法进行杀号，用 O_4 指代同时使用一、五两种方法进行杀号，O_5 指代同时使用一、六两种方法进行杀号，用 O_6 指代同时使用二、三两种方法进行杀号，O_7 指代同时使用二、四两种方法进行杀号，用 O_8 指代同时使用二、五两种方法进行杀号，用 O_9 指代同时使用二、六两种方法进行杀号，用 O_{10} 指代同时使用三、四两种方法进行杀号，用 O_{11} 指代同时使用三、五两种方法进行杀号，用 O_{12} 指代同时使用三、六两种方法进行杀号，用 O_{13} 指代同时使用四、五两种方法进行杀号，用 O_{14} 指代同时使用四、六两种方法进行杀号，用 O_{15} 指代同时使用五、六两种方法进行杀号。

2．统计数据和方法分析

表 4.27 为同时使用胜率最高的 6 种杀号方法中的 2 种进行杀号的胜率统计表，统计周期为双色球从第 2003001 期至第 2016105 期，共 2004 期，该表已经按胜率由高到低进行了排序。

表 4.27 多种杀号方法胜率统计表

杀号方法	胜	败	胜率
O_1	1836	167	91.66%
O_2	1831	172	91.41%
O_5	1831	172	91.41%
O_3	1828	175	91.26%
O_4	1828	175	91.26%
O_8	1820	183	90.86%

续表

杀号方法	胜	败	胜率
O_6	1818	185	90.76%
O_7	1818	185	90.76%
O_9	1818	185	90.76%
O_{10}	1815	188	90.61%
O_{11}	1815	188	90.61%
O_{12}	1815	188	90.61%
O_{14}	1815	188	90.61%
O_{13}	1811	192	90.41%
O_{15}	1809	194	90.31%

在上述15种同时杀两个号码的杀号方法之中，胜率最高的杀号方法O_1，其胜率高达91.66%，已接近本章统计的杀一个号码的622种方法之中胜率最低的方法C_{5-51}的胜率，貌似同时杀两个号码是可行的。

但是，杀号方法O_1有时只能杀一个号码，因为O_1用到的两种杀号方法C_{6-8}和B_{4+1}有时对应同一个号码。比如双色球2003003期前区开出01、07、10、23、28、32六个号码，此时杀号方法C_{6-8}和B_{4+1}对应的号码都是04，这时运用杀号方法O_1就只能杀一个号码。

经过统计，在双色球从2003001期至2016105期这2004期之中，杀号方法O_1只能杀一个号码的情形有169次，所以用杀号方法O_1同时杀两个号码的实际胜率就是83.23%（1836-169=1667，1667/2003=0.8323），其他14种方法杀两个号码的实际胜率也大抵相当。

可见，同时杀两个后区号码胜率并不高，所以本书不建议大家同时杀两个后区号码。

第5章

前区精准定胆方法

$胆$就是胆码，就是预测的下一期将会开出的号码，定胆就是确定胆码。定胆与杀号意思相反，但意义是一样的，都可以缩小选号范围。

双色球后区每期只开出一个号码，不存在定胆问题，也就不存在后区定胆方法，所以本书只介绍双色球前区定胆方法。

5.1 前区定胆详解

5.1.1 定胆的意义

1. 定胆能够缩小选号范围

双色球前区从 01~33 这 33 个号码中选择 6 个号码作为一注前区投注组合，选号范围为 1107568 种组合。那么，确定一个胆码的情况下，选号范围是多少呢？

确定一个胆码意味着你只需要从剩下的 32 个号码中选择 5 个号码，即可与该胆码共同组成一注前区投注组合。这时 33 选 6 变成了 32 选 5，选号范围从 1107568 种组合减少到了 201376 种组合。可见，定一个胆码就已经能够大幅缩小选号范围了。

2. 定的胆码越多，选号范围就变得越小

对双色球前区来说，确定两个胆码的情况下，选号范围是多少呢？

确定两个胆码意味着你只需要从剩下的 31 个号码中选择 4 个号码，即可与这两个胆码共同组成一注前区投注组合。这时 33 选 6 变成了 31 选 4，选号范围从 1107568 种组合骤减到 31465 种组合。

确定三个胆码的情况下，又会如何呢？

确定三个胆码意味着你只需要从剩下的 30 个号码之中选择 3 个号码，即可与这三个胆码共同组成一注前区投注组合。这时 33 选 6 变成了 30 选 3，选号范围从 1107568 种组合大幅减少到 4060 种组合。

……

可见，定的胆码越多，选号范围就变得越小。

5.1.2 定胆的方法

定胆方法很多,比如热号定胆法、冷号定胆法、遗漏号定胆法、不同位置的号码进行特定数学运算后所得的值定胆法等等,不一而足。

本人对网上流行的数十种定胆方法进行了详细统计和整理,发现定胆成功率都不高。并且网上流行的定胆方法都没有标明定胆成功率,那是因为无论使用什么方法进行定胆,成功率都不会太高。又有谁会拿成功率不高的方法在网上显摆、自揭已短呢?

网上有人推荐"双色球前区第三个号码加 4 取尾、再加 3 取尾定胆法",号称成功率 80%,并举了连续 20 期的例子。现将网上对该方法的描述摘录如下:双色球前区第三个号码加 4 得到一个数值,该数值加 3 得到另一个数值。这两个数值的尾数对应的号码就是下期定胆的目标。

看到该方法后我大吃一惊,便对该方法进行了统计,统计周期为双色球从 2003001 期至 2015023 期共 1768 期。结果在这 1768 期中,该方法总共测试了 1767 次,总的选号个数为 11657 个,平均每期选号个数为 6.597 个;定胆成功总个数为 2117 个,平均每期定胆成功个数约为 1.198 个。

每期从 6.597 个号码中仅能定对 1.198 个胆码,这种定胆效果与本章将要介绍的定胆方法相比,差距太大了。

本章将要介绍的 6.4 定胆法在这 1768 期中,同样总共测试了 1767 次,总的选号个数为 11481 个,平均每期选号个数为 6.497 个;定胆成功总个数为 2336 个,平均每期定胆成功个数约为 1.322 个。

事实胜于雄辩,数据说明一切。是网上吹嘘的定胆方法好,还是本章的定胆方法好,通过上面的对比,一目了然。

5.1.3 什么是号码组合

号码组合,就是由两个或者两个以上不同的号码所构成的一个选号范围。不同的号码组合根据其所包含的号码个数不同进行命名,以便彼此区分。

比如，双色球前区有 01～33 共 33 个号码，从中任意选择两个号码构成一个组合，该组合就被称为两号组合；从中任意选择三个号码构成一个组合，该组合就被称为三号组合；从中任意选择四个号码构成一个组合，该组合就被称为四号组合……

5.1.4 什么是选胆范围

选择胆码时需要一个由不同号码或不同号码组合构成的选择范围，这个范围就是选胆范围。无论选择多少个胆码，都需要一个范围，确定这个范围对于选择胆码意义重大。

就拿上面提到的双色球前区第三个号码尾数定胆法来说吧，这种方法每期约能给出 6.597 个号码，这就是该方法的选胆范围。不过这个选胆范围每期从 6.597 个号码之中仅能定对 1.198 个胆码，效果显然不太理想。那么，怎样才能找到效果更好的选胆范围呢？这就是本章要解决的问题。

选胆范围并不是固定的，可以是 1 个号码、2 个号码、3 个号码甚至更多号码，也可以是 1 个号码组合、2 个号码组合、3 个号码组合甚至更多号码组合。

5.1.5 定胆成功率

定胆成功率就是在一个特定的统计周期内，从一个确定的选胆范围中开出至少一个号码或一个号码组合的次数占统计周期内测试总次数的比率。

假如这里给定 3 个号码 01、02、03 作为定一个胆码的选胆范围，统计周期为 100 期，测试总次数为 100 次。如果从这 3 个号码中开出至少一个号码的次数为 30 次，那么这里定一个胆码的定胆成功率就是 30%。

假如这里给定 3 个两号组合（03、05）、（18、30）、（14、30）作为定两个胆码的选胆范围，统计周期为 100 期，测试总次数为 100 次。如果从这 3 个两号组合中开出至少一个两号组合的次数为 10 次,那么这里定两个胆码的定胆成功率就是 10%。

……

5.1.6 理论成功率

双色球前区每期从 33 个号码中开出 6 个号码，所以理论上每个号码每期开出的概率为 6/33，即 18.18%。理论上每个号码每期开出的概率就是双色球前区定一个胆码的理论成功率。所以，双色球前区定一个胆码的理论成功率为 18.18%。

双色球前区选号范围为 01～33 共 33 个号码，共有 528 个两号组合，每期开出 6 个号码，包含 15 个两号组合，所以理论上每个两号组合每期开出的概率为 15/528，即 2.84%。理论上每个两号组合每期开出的概率就是双色球前区定两个胆码的理论成功率。所以，双色球前区定两个胆码的理论成功率为 2.84%。

双色球前区共有 5456 个三号组合，每期开出 20 个三号组合，所以理论上每个三号组合每期开出的概率为 20/5456，即 0.37%。理论上每个三号组合每期开出的概率就是双色球前区定三个胆码的理论成功率。所以，双色球前区定三个胆码的理论成功率为 0.37%。

双色球前区共有 40920 个四号组合，每期开出 15 个四号组合，所以理论上每个四号组合每期开出的概率为 15/40920，即 0.037%，约为 0.04%。理论上每个四号组合每期开出的概率就是双色球前区定四个胆码的理论成功率。所以，双色球前区定四个胆码的理论成功率为 0.04%。

……

5.2 定一个胆码方法详解

5.2.1 定一个胆码的概念

定一个胆码就是选定一个号码作为下期胆码，下期每一注投注组合都将包含该号码。

5.2.2 双色球前区号码出现次数统计

表 5.1 为双色球前区 33 个号码在双色球从第 2003002 期至第 2016105 期这 2003 期之中的出现次数统计表，该表已经按出现次数由高到低进行了排序。

本书绝大部分方法都是从 2003002 期开始测试的，为便于对比，这里便从 2003002 期开始统计前区各号码出现次数。

表 5.1 前区号码出现次数统计表

前区 号码	出现 次数	前区 号码	出现 次数
17	395	12	363
26	393	21	362
1	390	2	358
14	388	6	358
22	387	4	357
32	387	10	357
18	384	25	357
20	383	29	356
3	381	9	353
7	378	11	347
8	378	28	345
13	377	31	341
30	372	23	338
27	367	15	333
16	365	24	332
5	364	33	308
19	364		

从表 5.1 可以看出，前区最热的号码是 17，该号码在统计周期内出现了 395 次，比最冷的号码 33 多出现了 87 次。

5.2.3 轮流定一个胆码的方法详解

1. 由来

理论上而言，用前区最热的号码定一个胆码是科学的。在双色球从第 2003002 期至第 2016105 期这 2003 期中，每期都用号码 17 定一个胆码，成功率为 19.72%，超过了定一个胆码的理论成功率。

但胜率最低的 37 种前区杀号方法对应号码的出现次数都超过了 395 次，所以用这 37 种方法中的任意一种方法的对应号码每期定一个胆码，都比用号码 17 每期定一个胆码效果更好（在双色球从 2003002 期至 2016105 期这 2003 期之中）。

当然，在上述各种选择之中，每期定一个胆码，效果最好的还是用胜率最低的杀号方法 C_{6-11} 的对应号码（该号码在双色球从 2003002 期至 2016105 期这 2003 期之中，总共出现 426 次）进行定胆。在双色球从 2003002 期至 2016105 期这 2003 期之中，用杀号方法 C_{6-11} 每期定一个胆码的成功率为 21.27%，其效果已远胜用号码 17 每期定一个胆码了。那这是不是效果最好的定胆方法呢？当然不是。

为找到更好的定一个胆码的方法，我决定用胜率最低的 6 种前区杀号方法中的两种进行轮流测试，结果就找到了对应号码出现次数超过 426 次的方法，于是就有了轮流定一个胆码的方法。

2. 概念

（1）轮流使用 3 种或 3 种以上方法进行定胆，读者朋友很难操作（原因在 3.7.1 节第（2）小项第③分项已有解释，这里不再详述）。要使这种方法具有可操作性，只能轮流使用两种方法。

（2）胜率最低的 6 种前区杀号方法分别为 C_{6-11}、C_{6-7}、C_{4-14}、C_{2-2}、I_{32}、D_{1+15}，这里分别用大写数字一、二、三、四、五、六指代，见表 5.2。至于这六种杀号方法的具体内容，大家可以在第 3 章查找，这里不再详述。

表 5.2　杀号方法与代称

方　　法	代　　称
C_{6-11}	一
C_{6-7}	二
C_{4-14}	三
C_{2-2}	四
I_{32}	五
D_{1+15}	六

这里用"一二"表示"从双色球第 2003001 期开始轮流使用 C_{6-11} 和 C_{6-7} 进行定胆",简称为一二定胆法;

用"二一"表示"从双色球第 2003001 期开始轮流使用 C_{6-7} 和 C_{6-11} 进行定胆",简称二一定胆法;

用"一三"表示"从双色球第 2003001 期开始轮流使用 C_{6-11} 和 C_{4-14} 进行定胆",简称一三定胆法;

用"三一"表示"从双色球第 2003001 期开始轮流使用 C_{4-14} 和 C_{6-11} 进行定胆",简称三一定胆法;

用"一四"表示"从双色球第 2003001 期开始轮流使用 C_{6-11} 和 C_{2-2} 进行定胆",简称一四定胆法;

用"四一"表示"从双色球第 2003001 期开始轮流使用 C_{2-2} 和 C_{6-11} 进行定胆",简称四一定胆法;

……

3. 统计数据与方法分析

表 5.3 为轮流使用胜率最低的 6 种前区杀号方法中的两种进行定胆的成功率统计表,统计周期为双色球从第 2003001 期至第 2016105 期,共 2004 期,该表已经按胜率由高到低进行了排序。

表 5.3 定胆方法成功率统计表

方法	胜	败	胜率
一四	432	1571	21.57%
二四	432	1571	21.57%
二一	426	1577	21.27%
三四	426	1577	21.27%
五四	426	1577	21.27%
二三	423	1580	21.12%
一三	423	1580	21.12%
二六	420	1583	20.97%
六四	420	1583	20.97%
三一	420	1583	20.97%
五一	420	1583	20.97%
一六	420	1583	20.97%
一二	418	1585	20.87%
五三	417	1586	20.82%
二五	414	1589	20.67%
六一	414	1589	20.67%
三六	414	1589	20.67%
五六	414	1589	20.67%
一五	414	1589	20.67%
三二	412	1591	20.57%
五二	412	1591	20.57%
六三	411	1592	20.52%
四一	411	1592	20.52%
三五	408	1595	20.37%
四三	408	1595	20.37%
六二	406	1597	20.27%
四六	405	1598	20.22%
四二	403	1600	20.12%
六五	402	1601	20.07%
四五	399	1604	19.92%

从表 5.3 可以看出，一四定胆法成功率为 21.57%，其效果已经好于单独使用杀号方法 C_{6-11} 的对应号码每期定一个胆码的方法。

虽然二四定胆法和一四定胆法效果相当，但由于杀号方法 C_{6-11} 对应号码的出现次数多于杀号方法 C_{6-7} 对应号码的出现次数，所以本书推荐一四定胆法。

比如，双色球第 2003083 期前区开出 01、03、14、18、26、28 六个号码，如果运用一四定胆法，那么此时就该用杀号方法 C_{6-11} 的对应号码 17 定 2003084 期前区一个胆码（根据前述内容可知，一四定胆法就是从双色球 2003002 期开始用轮流使用 C_{6-11} 和 C_{2-2} 进行定胆，也就是在双色球 2003 年开奖期间，定偶数期前区一个胆码，用杀号方法 C_{6-11} 的对应号码即可；定奇数期前区一个胆码，用杀号方法 C_{2-2} 的对应号码即可）。结果双色球第 2003084 期前区开出 02、06、07、10、17、33 共 6 个号码，定胆成功。

接下来如果继续运用一四定胆法，那么就该用杀号方法 C_{2-2} 的对应号码 04 定 2003085 期前区一个胆码。结果双色球第 2003085 期前区开出 01、04、11、12、19、27 共 6 个号码，定胆成功。

再接下来，如果继续运用一四定胆法，那么就该用杀号方法 C_{6-11} 的对应号码 16 定 2003086 期前区一个胆码。结果双色球第 2003086 期前区开出 05、12、16、18、26、30 共 6 个号码，定胆成功。

……

4．一四定胆法适用期次的确定

根据统计，定双色球 2017001 期前区一个胆码，需要使用杀号方法 C_{2-2} 的对应号码。由此可知，在双色球 2017 年开奖期间，定奇数期前区一个胆码，需要使用杀号方法 C_{2-2} 的对应号码（也就是"一四"中的"四"）；定偶数期前区一个胆码，需要使用杀号方法 C_{6-11} 的对应号码（也就是"一四"中的"一"）。

如果 2017 年最后一期用的是"一"，那么 2018 年第一期就用"四"；如果 2017 年最后一期用的是"四"，那么 2018 年第一期就用"一"。

2018 年第一期确定了，随后每一期以至最后一期也就确定了。

同理可以推知 2019 年、2020 年、2021 年……

那么 2017 年最后一期到底用"一"还是"四"呢？很显然，如果 2017 年最后一期是偶数期，就用"四"；如果是奇数期，就用"一"。

我想这一点读者朋友们都明白，应该不用多解释了。

5.2.4 本书电子版提到的方法

百度阅读提到了 10 种定胆方法，这里将其中的 6 种原封不动地列出来（1.0 定胆法就是用胜率最低的杀号方法对应的号码进行定胆的方法，前面已有论述，这里不再保留；后面 3 种方法与 6.4 定胆法是一回事，也不再保留）。这些方法都只给出了一个选胆范围，严格来说不能算是定胆方法，所以这里不再进行新的统计，但我觉得这些选胆范围也有其意义，所以就列了出来。不过这些都是以前的统计数据，所以这里描述的胜率最低的杀号方法与第三章统计的有些许出入。但大家看完就会发现，这些出入并不大，这也从一个侧面证明了"热者恒热，冷者恒冷"的道理。

1. 1.9 定胆法

在双色球从第 2003001 期至第 2015023 期这 1768 期中，将定一个胆码的选胆范围定为胜率最低的两种杀号方法即 C_{6-11}、C_{4-14} 每期所杀的号码时，由于这两种杀号方法每期所杀的号码有可能重复，所以这里的选胆范围为平均每期 1.9977 个号码，定胆成功个数为 752 个，平均每期成功定胆 0.43 个，至少定对一个胆码的次数为 692 次。这里将这种定胆方法命名为"1.9 定胆法"，即从约 1.9 个号码之中选择下期 1 个胆码的方法，这种定胆方法的成功率为 692÷1767=39.16%。

下面就用第 2015023 期之后的开奖数据对 1.9 定胆法进行一些测试，接下来的测试只标明开奖期数和开出号码个数，不再标出具体开奖数据了，下同。

比如，第 2015041 期、第 2015044 期、第 2015045 期、第 2015047 期、第 2015048 期、第 2015050 期……都从 1.9 定胆法直接给出的 2 个号码之中

开出了至少 1 个号码，其中第 2015045 期、第 2015050 期则从 1.9 定胆法直接给出的 2 个号码之中开出了 2 个号码。

2．2.9 定胆法

在双色球从第 2003001 期至第 2015023 期这 1768 期中，将定一个胆码的选胆范围定为胜率最低的三种杀号方法即 I_{32}、C_{6-11}、C_{4-14} 每期所杀的号码时，由于这三种杀号方法每期所杀的号码有可能重复，所以这里的选胆范围为平均每期 2.9553 个号码，定胆成功个数为 1099 个，平均每期成功定胆 0.62 个，至少定对一个胆码的次数为 916 次。这里将这种定胆方法命名为"2.9 定胆法"，即从约 2.9 个号码之中选择下期 1 个胆码的方法，这种定胆方法的成功率为 916÷1767=51.84%。

比如，第 2015026 期、第 2015027 期、第 2015031 期、第 2015033 期、第 2015034 期……都从 2.9 定胆法直接给出的约 2.9 个号码之中开出了至少 1 个号码，而第 2015045 期则从 2.9 定胆法直接给出的 3 个号码之中开出了 3 个号码。

3．3.8 定胆法

在双色球从第 2003001 期至第 2015023 期这 1768 期中，将定一个胆码的选胆范围定为胜率最低的四种杀号方法即 C_{6-7}、I_{32}、C_{6-11}、C_{4-14} 每期所杀的号码时，由于这四种杀号方法每期所杀的号码有可能重复，所以这里的选胆范围为平均每期 3.89 个号码，定胆成功个数为 1438 个，平均每期成功定胆 0.81 个，至少定对一个胆码的次数为 1100 次。这里将这种定胆方法命名为"3.8 定胆法"，即从约 3.8 个号码之中选择下期 1 个胆码的方法，这种定胆方法的成功率为 1100÷1767=62.25%。

比如，第 2015085 期、第 2015086 期、第 2015087 期、第 2015090 期、第 2015091 期、第 2015092 期、第 2015093 期……都从 3.8 定胆法直接给出的约 3.8 个号码之中开出了至少 1 个号码，其中第 2015086 期、第 2015087 期、第 2015091 期则从 3.8 定胆法直接给出的 4 个号码之中开出了 2 个号码。

4. 4.7 定胆法

在双色球从第 2003001 期至第 2015023 期这 1768 期中,将定一个胆码的选胆范围定为胜率最低的五种杀号方法即 I_4、C_{6-7}、I_{32}、C_{6-11}、C_{4-14} 每期所杀的号码时,由于这五种杀号方法每期所杀的号码有可能重复,所以这里的选胆范围为平均每期 4.7957 个号码,定胆成功个数刚好是 1767 个,平均每期成功定胆 1 个,至少定对一个胆码的次数为 1238 次。这里将这种定胆方法命名为"4.7 定胆法",即从约 4.7 个号码之中选择下期 1 个胆码的方法,这种定胆方法的成功率为 1238÷1767=70.06%。

比如,第 2015045 期、第 2015047 期、第 2015048 期、第 2015049 期、第 2015050 期、第 2015051 期……都从 4.7 定胆法直接给出的约 4.7 个号码之中开出了至少 1 个号码,其中第 2015045 期、第 2015047 期、第 2015050 期、第 2015051 期则从 4.7 定胆法直接给出的约 4.7 个号码之中开出了 3 个号码。

5. 5.6 定胆法

在双色球从第 2003001 期至第 2015023 期这 1768 期中,将定一个胆码的选胆范围定为胜率最低的六种杀号方法即 C_{2-2}、I_4、C_{6-7}、I_{32}、C_{6-11}、C_{4-14} 每期所杀的号码时,由于这六种杀号方法每期所杀的号码有可能重复,所以这里的选胆范围为平均每期 5.6457 个号码,定胆成功个数为 2067 个,平均每期成功定胆 1.17 个,至少定对一个胆码的次数为 1352 次。这里将这种定胆方法命名为"5.6 定胆法",即从约 5.6 个号码之中选择下期 1 个胆码的方法,这种定胆方法的成功率为 1352÷1767=76.51%。

比如,2015086 期、2015087 期、2015090 期、2015091 期、2015093 期、2015094 期……都从 5.6 定胆法直接给出的约 5.6 个号码之中开出了至少 2 个号码,其中 2015086 期、2015093 期则从 5.6 定胆法直接给出的约 5.6 个号码之中开出了 3 个号码。

6. 6.4 定胆法

在双色球从第 2003001 期至第 2015023 期这 1768 期之中,将定一个胆码的选胆范围定为胜率最低的七种杀号方法即 I_{13}、C_{2-2}、I_4、C_{6-7}、I_{32}、C_{6-11}、

$C_{4\text{-}14}$每期所杀的号码时，由于这七种杀号方法每期所杀的号码有可能重复，所以这里的选胆范围为平均每期 6.497 个号码，定胆成功个数为 2366 个，平均每期成功定胆 1.34 个，至少定对一个胆码的次数为 1443 次。这里将这种定胆方法命名为"6.4 定胆法"，即从约 6.4 个号码之中选择下期一个胆码的方法，这种定胆方法的成功率为 1443÷1767=81.66%。

这里就以完全随机的 10 期双色球开奖数据为例来说明 6.4 定胆法的效果吧，这 10 期是指 2015085 期至 2015094 期。具体情况如下。

2015085 期：6.4 定胆法根据 2015084 期的开奖结果给出了 7 个号码，结果 2015085 期从这 7 个号码之中开出了 2 个号码。当然，需要说明的是，理论上开出 2 个号码需要 11 个号码。

2015086 期：6.4 定胆法根据 2015085 期的开奖结果给出了 7 个号码，结果 2015086 期从这 7 个号码之中开出了 4 个号码。当然，需要说明的是，理论上开出 4 个号码需要 22 个号码。

2015087 期：6.4 定胆法根据 2015086 期的开奖结果给出了 7 个号码，结果 2015087 期从这 7 个号码之中开出了 2 个号码。

2015088 期：6.4 定胆法根据 2015087 期的开奖结果给出了 6 个号码，结果 2015088 期从这 6 个号码之中开出了 1 个号码。我说过，任何一种方法都不可能每期效果都那么好，但从 6 个号码里面开出 1 个号码也算正常了。

2015089 期：6.4 定胆法根据 2015088 期的开奖结果给出了 6 个号码，结果 2015089 期从这 6 个号码之中开出了 0 个号码。本期效果不太好。

2015090 期：6.4 定胆法根据 2015089 期的开奖结果给出了 6 个号码，结果 2015090 期从这 6 个号码之中开出了 2 个号码。

2015091 期：6.4 定胆法根据 2015090 期的开奖结果给出了 7 个号码，结果 2015091 期从这 7 个号码之中开出了 2 个号码。

2015092 期：6.4 定胆法根据 2015091 期的开奖结果给出了 6 个号码，结果 2015092 期从这 6 个号码之中开出了 1 个号码。

2015093 期：6.4 定胆法根据 2015092 期的开奖结果给出了 7 个号码，结果 2015093 期从这 7 个号码之中开出了 3 个号码。当然，需要说明的是，理论上开出 3 个号码需要 16.5 个号码。

2015094 期：6.4 定胆法根据 2015093 期的开奖结果给出了 6 个号码，结果 2015094 期从这 6 个号码之中开出了 2 个号码。

从以上统计可知，这 10 期中有 5 期能从该方法直接给出的约 6 个号码里面开出 2 个号码，这已然能够大幅提高中奖概率了。而 2015093 期则从该方法直接给出的 7 个号码之中开出了 3 个号码，更是能将中奖概率提高很多倍。更何况 2015086 期从该方法直接给出的 7 个号码之中开出了 4 个号码，这更能巨幅提高中奖概率！

上述 6 种方法本质上都是用胜率最低的杀号方法对应的号码作为选胆范围进行定胆，这些方法有一定的意义，但无法精确、精准地定胆，所以本书并不推荐这些方法。但如果读者朋友们觉得这些方法有用的话，可以参照本书第三章的统计，运用"最新的、胜率最低的杀号方法（参见第 3 章表 3.22）"所对应的号码作为选胆范围进行定胆，其效果也不错。

5.3 定两个胆码方法详解

5.3.1 定两个胆码的概念

定两个胆码就是选定两个号码作为下期胆码，下期每一注投注组合都将包含这两个号码。

5.3.2 两号组合出现次数统计

双色球前区选号范围为 01～33 共 33 个号码，所以就有（33×32）/2=528 个两号组合。将这 528 个两号组合的出现次数全都列出来，既没有必要，也浪费篇幅，所以这里只列出出现次数排名前 50 和后 50 的两号组合。

表5.4为双色球前区出现次数排序前50的两号组合统计表，统计周期为双色球从2003002期至2016105期，共2003期，该表已经按出现次数由高到低进行了排序。由于本书绝大部分方法都是从2003002期开始测试的，所以这里就从2003002期开始统计。

表5.4 双色球前区两号组合出现次数统计表

两号 组合	出现 次数	两号 组合	出现 次数	两号 组合	出现 次数
20、26	82	07、14	72	08、17	69
03、05	80	07、17	72	09、26	69
14、30	77	16、17	72	11、17	69
01、13	76	02、17	71	12、18	69
08、14	75	03、20	71	13、25	69
12、14	75	03、21	71	01、08	68
18、30	75	06、17	71	01、16	68
18、32	75	07、32	71	01、30	68
14、25	74	08、30	71	03、27	68
17、30	74	22、26	71	07、10	68
01、22	73	03、07	70	09、21	68
13、30	73	04、25	70	13、19	68
16、22	73	13、18	70	14、17	68
18、20	73	16、18	70	14、22	68
01、18	72	18、26	70	19、20	68
01、29	72	21、26	70	01、03	67
04、30	72	04、26	69		

表5.5为双色球前区出现次数排序后50的两号组合统计表，统计周期为双色球从第2003002期至第2016105期，共2003期，该表已经按出现次数由高到低进行了排序。

表5.5 双色球前区两号组合出现次数统计表

两号 组合	出现 次数	两号 组合	出现 次数	两号 组合	出现 次数
06、21	46	10、14	46	18、24	46
06、28	46	10、24	46	24、28	46
07、09	46	11、23	46	25、28	46
07、31	46	14、24	46	02、21	45

续表

两号组合	出现次数	两号组合	出现次数	两号组合	出现次数
04、15	45	11、22	44	12、16	42
04、24	45	15、27	44	20、23	42
06、27	45	16、31	44	23、33	41
07、12	45	27、33	44	24、31	41
07、28	45	28、31	44	25、30	41
11、25	45	31、33	44	25、33	41
15、23	45	05、29	43	19、30	40
15、25	45	06、24	43	24、33	39
16、33	45	09、30	43	19、33	38
18、19	45	12、33	43	21、33	36
24、30	45	13、24	43	06、09	35
02、28	44	07、33	42	29、33	31
02、33	44	11、28	42		

从表 5.4 可以看出，前区最热的两号组合是 20、26，该组合在统计周期内出现了 82 次，比最冷的两号组合 29、33 多出现了 51 次。

理论上说，用前区最热的两号组合定前区两个胆码是科学的。在双色球从第 2003002 期至第 2016105 期这 2003 期之中，每期都用 20、26 定前区两个胆码，成功率接近 4.1%，远远超过了定两个胆码的理论成功率（2.84%）。那这是不是效果最好的定前区两个胆码的方法呢？当然不是。

为了使本书更具实用价值，使广大读者得到更有用的信息、掌握到更有用的方法，我决定"费九牛二虎之力"为大家找到出现次数更多的两号组合。

那该怎么找呢？前区总共 528 个两号组合，哪里还有什么组合可以找呢？想来先去，我觉得只能从胜率最低的若干种杀号方法中去找。

5.3.3 定两个胆码的最优方法

新的两号组合只能从胜率最低的若干种杀号方法中去找，我决定从胜率最低的 15 种杀号方法中去找。15 种方法两两组合，共有（15×14）/2=105 个两号组合。要找出这 105 个两号组合在双色球从第 2003002 期至第 2016105

期这 2003 期之中的出现次数，的确很困难，百度阅读电子版也没有相关内容。找出这些组合的出现次数，远比找出单纯由两个号码构成的两号组合的出现次数复杂、困难得多。

我费了好大功夫，才统计出这 105 个组合在这 2003 期之中的出现次数。统计完之后才发现，这些两号组合有时候只对应同一个号码，于是还得想办法把这些只对应同一个号码的情形去掉，真是费了九牛二虎之力，一点都不夸张。整个过程太过烦琐，无法写出来，所以下面只对结果进行说明。

经过我严格而又烦琐的统计，终于找到了出现次数超过 20、26 的两号组合，总共有三个，分别是：杀号方法 $C_{6\text{-}11}$ 和 $C_{2\text{-}2}$ 的对应号码所构成的两号组合（以下简称组合 A），杀号方法 $C_{1\text{-}9}$ 和 D_{1+15} 的对应号码所构成的两号组合（以下简称组合 B），杀号方法 $C_{1\text{-}69}$ 和 D_{1+15} 的对应号码所构成的两号组合（以下简称组合 C）。

同时也找到了出现次数与 20、26 一样的两号组合（都出现了 82 次），总共有两个，分别是：杀号方法 $C_{6\text{-}11}$ 和 J_{15} 的对应号码所构成的两号组合（以下简称组合 D），杀号方法 $C_{6\text{-}7}$ 和 K_3 的对应号码所构成的两号组合（以下简称组合 E）。

在双色球从第 2003002 期至第 2016105 期这 2003 期之中，组合 A 出现了 86 次、组合 B 出现了 85 次、组合 C 出现了 83 次、组合 D 和 E 各出现了 82 次，这些统计都已经去掉了只对应同一个号码的情形。

由此不难看出，用 A、B、C 中的任何一个组合定两个胆码，其效果都好于用 20、26 定两个胆码。

经过统计，我推荐大家按照以下步骤定前区两个胆码：

（1）优先使用组合 A 定前区两个胆码；

（2）如果组合 A 只对应同一个号码，就用组合 B 定前区两个胆码；

（3）如果组合 A、B 都只对应同一个号码，就用组合 C 定前区两个胆码；

（4）统计发现，在双色球从第 2003002 期至第 2016105 期这 2003 期之中，组合 A、B、C 都只对应一个号码的情形是不存在的。

定两个胆码的理论成功率只有 2.84%，要想提高定两个胆码的成功率，只能扩大选胆范围，本书推荐大家用 A、B、C、D、E 5 个组合作为选胆范围。

经过统计，在双色球从第 2016106 期至第 2017002 期这 50 期之中，组合 A 出现 1 次，出现概率为 2%，略低于理论出现概率，效果不太理想。

但组合 B、C、D、E 各自都出现了 2 次，各自的出现概率均为 4%，都大幅超过了理论出现概率。

所以用这五个组合作为定两个胆码的选胆范围是经得起检验的。

5.4 定更多胆码方法详解

5.4.1 定更多胆码的概念

定更多胆码就是定 3 个或 3 个以上胆码。前面说过，定 3 个胆码的理论胜率只有 0.37%，定 4 个胆码的理论胜率只有 0.04%，可见，定 3 个或 3 个以上胆码胜率都不可能高。想找出定 3 个或 3 个以上胆码且成功率超过 2% 的方法，那绝对不可能，除非是在瞎吹。

网上有言论，说能找出定 3 个或 3 个以上胆码且成功率高达 80% 以上的方法，这是不可信的。就算能举出几个例子，也完全不足以说明其真实的成功率。如果把所举的例子放到 2003 期的数据里面，其成功率实在低得可怜，连 0.3% 都达不到。

所以本书不推荐大家定更多胆码，但如果想要定更多胆码的话，我只能建议从最热的三号组合或四号组合里面选择。定 3 个胆码就从最热的三号组合里面选，定 4 个胆码就从最热的四号组合里面选。

5.4.2 三号组合和四号组合出现次数统计

双色球前区共有 5456 个三号组合，要将这 5456 个三号组合的出现次数和出现概率全部列出来，不但会占很大篇幅，而且也没有必要，所以这里将分别列出排序在前 100 位和后 100 位的三号组合的出现次数和出现概率。

表 5.6 为双色球前区出现次数排序在前 100 位的三号组合在双色球从 2003001 期至 2015023 期这 1768 期开奖号码中的出现次数统计表，该表已经按出现次数由高到低进行了排序。之所以不再进行新的统计，而是采用旧的数据，是因为这不是本书重点推荐的定胆方法，也不是很有效的定胆方法。并且三号组合的出现次数经过 200 多期的开奖是不可能有太大变化的，所以原来的数据还是有效的。

表 5.6 双色球前区三号组合出现次数统计表

三号组合	出现次数	三号组合	出现次数	三号组合	出现次数
01、13、32	18	19、20、21	14	18、26、30	14
03、07、13	17	07、08、17	14	03、05、07	13
01、02、29	17	01、11、27	14	03、05、20	13
03、07、10	16	04、06、25	14	02、12、14	13
03、05、27	16	01、16、22	14	02、05、06	13
07、14、25	16	08、17、30	14	03、05、21	13
04、12、30	16	01、14、30	14	15、18、20	13
04、10、26	16	03、21、31	14	01、07、20	13
03、24、27	16	12、14、32	14	03、06、11	13
04、22、29	16	14、17、30	14	02、10、17	13
01、12、21	15	03、11、31	14	09、17、21	13
09、11、17	15	18、22、30	14	12、14、20	13
01、18、22	15	09、24、25	14	01、08、13	13
01、20、29	15	09、21、26	14	07、16、25	13
02、17、30	15	01、18、29	14	06、13、17	13
08、17、21	14	14、27、31	14	05、20、26	13
07、10、13	14	22、26、33	14	01、16、18	13
03、20、24	14	01、22、30	14	03、05、24	13
16、18、22	14	13、23、28	14	06、08、17	13
03、05、18	14	11、32、33	14	08、13、25	13

续表

三号组合	出现次数	三号组合	出现次数	三号组合	出现次数
10、16、23	13	14、20、30	13	05、17、18	12
06、13、28	13	11、17、27	13	04、06、17	12
06、15、30	13	16、23、28	13	01、11、17	12
02、06、31	13	23、25、32	13	06、08、14	12
06、08、30	13	17、28、32	13	06、14、22	12
05、13、25	13	11、17、28	12	07、08、14	12
09、21、31	13	04、08、12	12	07、14、18	12
03、06、31	13	12、15、22	12	09、10、19	12
06、18、32	13	03、05、11	12	01、05、16	12
09、20、26	13	14、16、27	12	01、04、19	12
01、27、31	13	01、18、20	12	04、19、22	12
03、17、21	13	07、11、17	12	03、16、22	12
05、19、28	13	02、17、22	12		
16、22、27	13	10、15、19	12		

表 5.7 为双色球前区出现次数排序在后 100 位的三号组合在双色球从第 2003001 期至第 2015023 期这 1768 期开奖号码中的出现次数统计表，该表已经按出现次数由高到低进行了排序。

表 5.7 双色球前区三号组合出现次数统计表

三号组合	出现次数	三号组合	出现次数	三号组合	出现次数
16、21、25	2	06、16、19	2	21、22、29	2
17、23、31	2	06、19、30	2	22、25、30	2
14、20、24	2	10、24、30	2	20、28、31	2
16、20、27	2	12、23、33	2	15、27、30	2
21、25、30	2	05、29、33	2	17、21、24	2
07、22、31	2	11、15、28	2	20、29、33	2
05、06、32	2	03、11、23	2	17、25、33	2
10、12、25	2	25、31、33	2	13、24、33	2
14、15、32	2	12、29、33	2	23、28、31	2
11、14、23	2	11、26、29	2	12、15、30	2
04、09、23	2	14、23、27	2	25、29、31	2
11、18、24	2	07、22、25	2	23、25、30	2
10、21、29	2	20、27、32	2	24、31、32	2
09、15、18	2	15、16、20	2	23、24、28	2

续表

三号组合	出现次数	三号组合	出现次数	三号组合	出现次数
04、06、09	1	08、27、33	1	20、21、33	1
04、14、24	1	08、16、31	1	06、09、27	1
09、13、26	1	03、26、30	1	15、28、31	1
04、15、29	1	19、20、22	1	09、29、33	1
08、11、28	1	11、22、26	1	23、29、33	1
02、03、14	1	10、11、20	1	15、19、27	1
05、08、29	1	06、09、30	1	18、21、23	1
07、13、31	1	11、12、33	1	13、15、16	1
05、10、12	1	17、19、33	1	01、09、27	0
13、24、29	1	16、21、33	1	01、10、12	0
01、14、23	1	06、09、31	1	01、21、33	0
02、13、15	1	09、27、30	1	03、06、28	0
14、20、28	1	14、24、27	1	07、08、23	0
02、10、13	1	12、17、32	1	10、14、24	0
09、24、30	1	10、14、23	1	11、13、29	0
05、16、31	1	18、29、33	1	15、29、30	0
07、24、31	1	02、13、32	1	15、29、33	0
01、10、19	1	14、15、22	1	19、29、33	0
03、18、31	1	21、23、29	1		
10、24、28	1	17、27、33	1		

从表 5.6 和表 5.7 可以看出，双色球前区最热的三号组合是 01、13、32，它在统计周期内总共出现了 18 次，出现次数占比为 1.02%；最冷的三号组合是（19、29、33）、（15、29、33）、（15、29、30）等 10 个三号组合，它们在统计周期内都没有出现过。可见，双色球前区三号组合的冷热差别同样是很巨大的。

应该从最热或者较热的三号组合中选择定 3 个胆码的组合。

定 4 个胆码自然是从最热或者较热的四号组合中选择，但其成功率太低了，所以本书并不推荐，但这里还是把以前统计的较热的四号组合列出来供读者参考。

表 5.8 为双色球前区出现次数不低于 5 次的 16 个四号组合（其余的四号

组合出现次数都低于 5 次）在双色球从第 2003001 期至第 2015023 期这 1768 期开奖号码中的出现次数统计表，该表已经按出现次数由高到低进行了排序。

表 5.8 双色球前区四号组合出现次数统计表

四号组合	出现　次数	四号组合	出现　次数
01、16、18、22	7	03、06、11、31	5
03、20、24、26	6	03、08、17、21	5
04、10、21、26	6	04、10、26、30	5
01、11、17、27	5	05、07、13、18	5
01、11、27、31	5	05、14、16、17	5
01、13、25、32	5	07、10、13、25	5
01、16、23、28	5	09、10、15、19	5
01、22、28、30	5	09、10、19、33	5

5.5　前区两个号码伴生现象研究

5.5.1　什么是前区两个号码伴生

两个号码伴生，就是两个号码结伴出现的意思，研究两个号码伴生现象对于选择拖码具有重要意义。

比如在双色球从第 2003001 期至第 2016105 期这 2004 期之中，前区号码 08 与前区号码 14 结伴出现的次数高达 75 次，而与前区号码 23 结伴出现的次数只有 47 次，前者是后者的 1.6 倍。那么当你选择号码 08 作为前区胆码时，该选择哪个号码作为拖码呢？当然是选择与号码 08 结伴出现次数最多的前区号码。本例中当然是选择号码 14，放弃号码 23。

5.5.2　数据统计与分析

表 5.9 为与双色球前区 33 个号码结伴出现次数最高的号码和结伴出现次数统计表，统计周期为双色球从第 2003001 期至第 2016105 期，共 2004 期。

表 5.9　前区号码结伴出现情况统计表

前区号码	结伴出现次数最多的号码	结伴出现次数	前区号码	结伴出现次数最多的号码	结伴出现次数
01	13	76	18	30	75
02	17	71	19	13、20	68
03	05	80	20	26	82
04	30	72	21	03	71
05	03	80	22	01、16	73
06	17	71	23	16	67
07	14、17	72	24	02	67
08	14	75	25	14	74
09	26	69	26	20	82
10	07	68	27	03	68
11	17	69	28	19	63
12	14	75	29	01	72
13	01	76	30	14	77
14	30	77	31	27	67
15	20	64	32	18	75
16	22	73	33	32	64
17	30	74			

2.大家可以根据表 5.9，在确定一个胆码的情况下，选择拖码。比如，如果你选择 30 作为胆码，那就可以选择 14 作为其中一个拖码。

5.5.3　特别说明

本章与百度阅读有了很大不同，去掉了百度阅读上一些没用的内容，保留了百度阅读上有用的内容，同时增加了很多新内容，比如精准定一个胆码的方法（一四定胆法）、精准定两个胆码的方法（组合 A、B、C、D、E 定胆法）等。

第 6 章

前区技术指标详解

网上有很多关于双色球的统计数据，其中大部分都包括和值、均值、跨度、奇偶、质合、大小、连号、重号、同尾号、余数、AC值等，这些就是辅助选号的技术指标。

这些指标纷繁复杂、浩如烟海，并且都处于不断变动的过程中。大家若依据这些指标去选号，恐怕会顾此失彼，甚至会晕头转向、手忙脚乱。本书不推荐大家用太多指标去选号，但作为一本书也不能没有这方面的内容，毕竟有些技术派彩民对这些指标情有独钟。

这些指标不是本书重点推荐的选号方法，并且都浅显易懂，所以本章在谈到这些指标时一般情况下不再举例，也不再列出具体的统计数据，但会将这些指标的突出特征描述清楚，力求以最精炼的篇幅为大家提供最简洁、有效且易于操作的方法。

更重要的是，看完本章你会恍然大悟，会发现原来很多潜意识里的看法都是错误的。比如重号，大家潜意识里都认为重号开出的概率不高，所以很多人选号时会故意避开重号。但果真如此吗？本章将对这些问题进行详细讲解。

6.1 重号详解

6.1.1 重号的概念

重号就是重复开出的号码。比如，双色球第2013133期前区开出04、07、12、19、22、25六个号码，第2013134期前区开出01、17、18、19、25、29六个号码。第2013134期重复开出了号码19和25，这两个号码就是重号。

6.1.2 重号情形超级细分

1. 双色球前区根据重号个数不同的分类情形

（1）有0个重号的情形（没有重号的情形），也就是双色球当期前区没有一个号码出自上期前区六个号码之中的情形，本章统一用 A_0 指代这种重号情形。

（2）有1个重号的情形，也就是双色球当期前区有且仅有一个号码出自上期前区六个号码之中的情形，本章统一用 A_1 指代这种重号情形。

（3）有2个重号的情形，也就是双色球当期前区有且仅有两个号码出自上期前区六个号码之中的情形，本章统一用 A_2 指代这种重号情形。

……

（7）有6个重号的情形，也就是双色球当期前区六个号码全部出自上期前区六个号码之中的情形，本章统一用 A_6 指代这种重号情形。

统计表明，A_1 出现次数占比接近44%，A_0 出现次数占比接近28%，A_2 出现次数占比接近24%，其余四种重号情形出现次数占比加起来也才5%左右。

可见，前区重一个号码的情形最多，其次是没有重号的情形，这两种情形加起来出现次数占比接近72%。大家根据重号情形选号的话，应该重点考虑 A_1 和 A_0 两种情形。

2. 双色球前区根据重号位置不同的分类情形

（1）第一个号码为重号，就是双色球前区第一个号码出自上期前区六个号码之中的情形，本章统一用 A_1 指代这种重号情形。

这种重号情形又可细分为六种不同的类型：

① 当期前区第一个号码与上期前区第一个号码重合的情形，本章统一用 $A_{1 \to 1}$ 指代这种重号情形。

② 当期前区第一个号码与上期前区第二个号码重合的情形，本章统一用 $A_{1 \to 2}$ 指代这种重号情形。

……

⑥ 当期前区第一个号码与上期前区第六个号码重合的情形，本章统一用 $A_{1 \to 6}$ 指代这种重号情形。

（2）第二个号码为重号，就是双色球前区第二个号码出自上期前区六个号码之中的情形，本章统一用 A_2 指代这种重号情形。

这种重号情形又可细分为六种不同的类型：

① 当期前区第二个号码与上期前区第一个号码重合的情形，本章统一用 $A_{2 \to 1}$ 指代这种重号情形。

② 当期前区第二个号码与上期前区第二个号码重合的情形，本章统一用 $A_{2 \to 2}$ 指代这种重号情形。

……

③ 当期前区第二个号码与上期前区第六个号码重合的情形，本章统一用 $A_{2 \to 6}$ 指代这种重号情形。

（3）第三个号码为重号，就是双色球前区第三个号码出自上期前区六个号码之中的情形，本章统一用 A_3 指代这种重号情形。

这种重号情形又可细分为六种不同的类型：

① 当期前区第三个号码与上期前区第一个号码重合的情形,本章统一用 $A_{3\to 1}$ 指代这种重号情形。

② 当期前区第三个号码与上期前区第二个号码重合的情形,本章统一用 $A_{3\to 2}$ 指代这种重号情形。

……

⑥ 当期前区第三个号码与上期前区第六个号码重合的情形,本章统一用 $A_{3\to 6}$ 指代这种重号情形。

(4)第四个号码为重号,就是双色球前区第四个号码出自上期前区六个号码之中的情形,本章统一用 A_4 指代这种重号情形。

这种重号情形又可细分为六种不同的类型:

① 当期前区第四个号码与上期前区第一个号码重合的情形,本章统一用 $A_{4\to 1}$ 指代这种重号情形。

② 当期前区第四个号码与上期前区第二个号码重合的情形,本章统一用 $A_{4\to 2}$ 指代这种重号情形。

……

⑥ 当期前区第四个号码与上期前区第六个号码重合的情形,本章统一用 $A_{4\to 6}$ 指代这种重号情形。

(5)第五个号码为重号,就是双色球前区第五个号码出自上期前区六个号码之中的情形,本章统一用 A_5 指代这种重号情形。

这种重号情形又可细分为六种不同的类型:

① 当期前区第五个号码与上期前区第一个号码重合的情形,本章统一用 $A_{5\to 1}$ 指代这种重号情形。

② 当期前区第五个号码与上期前区第二个号码重合的情形,本章统一用 $A_{5\to 2}$ 指代这种重号情形。

第6章 前区技术指标详解

……

⑥ 当期前区第五个号码与上期前区第六个号码重合的情形,本章统一用 $A_{5\to6}$ 指代这种重号情形。

(6) 第六个号码为重号,就是双色球前区第六个号码出自上期前区六个号码之中的情形,本章统一用 A_6 指代这种重号情形。

这种重号情形又可细分为六种不同的类型:

① 当期前区第六个号码与上期前区第一个号码重合的情形,本章统一用 $A_{6\to1}$ 指代这种重号情形。

② 当期前区第六个号码与上期前区第二个号码重合的情形,本章统一用 $A_{6\to2}$ 指代这种重号情形。

……

⑥ 当期前区第六个号码与上期前区第六个号码重合的情形,本章统一用 $A_{6\to6}$ 指代这种重号情形。

统计表明,双色球前区不同位置的号码为重号的 6 种情形出现次数占比相差无几,其中出现次数占比最高的为 A_4,但其占比也不到 19%,与出现次数占比最低的 A_5 相比,其差距还不到 2%,所以大家选号时不必纠结于到底哪个位置的号码更容易为重号。

但是将上述 6 种情形细分为 36 种情形之后,这 36 种情形出现次数就有了巨大差别。统计表明,$A_{6\to6}$ 和 $A_{1\to1}$ 这两种情形出现次数均远远超过其他 34 种情形。这两种情形各自出现次数占比均接近 11%,其他 34 种情形出现次数占比均低于 6%,其中绝大部分都低于 4%,有的情形甚至从未出现过,比如 $A_{6\to1}$ 就从来没有出现过。所以大家根据重合情形选号时,应重点考虑 $A_{6\to6}$ 和 $A_{1\to1}$ 这两种情形。

6.1.3 根据重号进行选号的方法验证

根据 $A_{6\to 6}$ 进行选号，大部分情况下都能大幅缩小选号范围。因为确定了第 6 个号码之后，只须从剩下的号码之中选择 5 个号码，而剩下的号码却未必是 32 个，因为上期第 6 个号码未必是 33。

比如双色球第 2010005 期，前区开出 03、05、07、13、14、18 六个号码，这时如果你坚持根据 $A_{6\to 6}$ 进行选号，你就会选择 18 作为下期前区第六个号码，那么接下来你只须从 01～17 这 17 个号码之中选择 5 个号码即可。此时你的选号范围是 17 选 5（6188 个组合），是前区理论选号范围的 1/179。如果下期前区第六个号码是 18，那么你的中奖概率就是别人的 179 倍，结果 2010006 期前区第六个号码果然是 18。

前面说过，$A_{6\to 6}$ 在过去的 2000 多期之中出现次数占比接近 11%，那么在双色球从 2016106 期至第 2017002 期这 50 期之中，这种情形出现了多少次呢？答案是 7 次。50 期出现 7 次，出现次数占比 14%，可以说绝对是经得起检验的。

其中 2016120 期和 2016121 期前区最后一个号码都是 28，此时根据 $A_{6\to 6}$ 进行选号，中奖概率是理论中奖概率的 11.27 倍。当然，能否中一等奖还得看运气。再强调一遍，本书只能提高甚至是大幅、巨幅提高中奖概率，但无论如何也无法保证大家中一等奖。

6.1.4 开出重号其实是大概率事件

在送号时，相信很多人都会下意识地故意避开重号，好像上一期开出的号码这一期很难开出似的。我觉得大家潜意识里都有这种想法，好像一个号码连续开出的概率应该很低才对，毕竟总的选号范围有 33 个号码，怎么会连续开出相同的号码呢？就算会连续开出相同的号码，那也应该是小概率事件。

事实上，以上想法大错特错。经过我对双色球从 2003001 期至 2016105 期这 2004 期的统计，发现重号开出的概率高达 72.34%。

超过 72%的情况下都会开出重号，你想到了吗？你选号时还会故意避开重号吗？

6.2　五期重号详解

6.2.1　五期重号的概念

双色球当期前区开出的六个号码中部分或全部号码与上五期前区开出的号码重合，这些重合的号码就是五期重号。比如，双色球第 2003001 期前区开出 10、11、12、13、26、28 六个号码，第 2003002 期前区开出 04、09、19、20、21、26 六个号码，第 2003003 期前区开出 01、07、10、23、28、32 六个号码，第 2003004 期前区开出 04、06、07、10、13、25 六个号码，第 2003005 期前区开出 04、06、15、17、30、31 六个号码，第 2003006 期前区开出 01、03、10、21、26、27 六个号码。第 2003006 期前区第一个号码 01、第三个号码 10、第四个号码 21 和第五个号码 26 都出自它前面五期前区六个号码之中，号码 01、10、21、26，就是五期重号。

6.2.2　五期重号情形超级细分

1. 双色球前区根据五期重号个数不同的分类情形

（1）有 0 个五期重号的情形，也就是没有五期重号的情形，本章统一用 B_0 指代这种五期重号情形。

（2）有 1 个五期重号的情形，也就是双色球前区有且仅有一个号码出自上五期前区六个号码之中的情形，本章统一用 B_1 指代这种五期重号情形。

（3）有 2 个五期重号的情形，也就是双色球前区有且仅有两个号码出自上五期前区六个号码之中的情形，本章统一用 B_2 指代这种五期重号情形。

……

（7）有 6 个五期重号的情形，也就是双色球前区六个号码全部出自上五期前区六个号码之中的情形,本章统一用 B_6 指代这种五期重号情形。

统计表明,B_4 出现次数最多,而 B_3、B_4、B_5 加起来出现次数占比约为 85%。

2. 双色球前区根据五期重号位置不同的分类情形

(1)第一个号码为五期重号,就是双色球前区第一个号码出自上五期前区六个号码之中的情形。

(2)第二个号码为五期重号,就是双色球前区第二个号码出自上五期前区六个号码之中的情形。

……

(6)第六个号码为五期重号,就是双色球前区第六个号码出自上五期前区六个号码之中的情形。

统计表明,上述六种情形出现次数占比相差无几,所以大家选号时不必纠结于到底哪个位置的号码会出自上五期前区六个号码之中。

6.2.3　五期重号选号效果分析

统计表明,根据五期重号指标进行选号,平均每期选号范围约为 21 个号码,平均每期选对约 3.8 个号码,成功率约为 3.8/21=18.09%,低于理论成功率(18.18%)。可见,根据五期重号指标进行选号效果并不理想。

本书之所以提出这种方法,是因为网上有人对这种方法进行过专门论述,但其论述并未经过有效统计,只不过举几个刚好成功的例子而已,然后他就用这几个例子来吹嘘这种方法有多牛。

我为了验证他的观点,便对这种方法进行了详细统计,结果根本不像他吹嘘的那样能够在大部分情况下选对前区 6 个号码。事实上根据五期重号指标进行选号,选对前区 6 个号码的次数占比仅为 5%左右,哪里是什么"能够在大部分情况下选对前区 6 个号码"!

6.3 连号详解

6.3.1 连号的概念

连号就是两个或两个以上连续的号码，至少要有两个号码才能构成连号。连号是一个号码组合，在这个号码组合里面，后面的号码与其前一位的号码差值为 1。

6.3.2 连号情形超级细分

1. 按连号组数分类

（1）连号组数为 0 的情形，也就是没有连号的情形。比如，双色球第 2003003 期前区开出 01、07、10、23、28、32 六个号码，其中就没有连号。

（2）连号组数为 1 的情形，也就是有且仅有一组连号的情形。比如，双色球第 2003008 期前区开出 05、08、09、14、17、23 六个号码，其中就有且仅有一组连号，即 08、09。

（3）连号组数为 2 的情形，也就是有且仅有两组连号的情形。

（4）连号组数为 3 的情形，也就是有且仅有三组连号的情形。

双色球前区由 6 个号码构成一注投注组合，最多只能有 3 组连号，不可能有 4 组或 4 组以上连号。

统计表明，连号组数为 1 的情形出现次数占比接近 52%，连号组数为 0 的情形出现次数占比接近 35%。

2. 连号情形细分

（1）第一个号码和第二个号码相连，但后面不和第三个号码相连的情形，本章用"12"表示这种连号情形。

（2）第二个号码和第三个号码相连，但前面不和第一个号码相连、后面不和第四个号码相连的情形，本章用"23"表示这种连号情形。

……

（5）第五个号码和第六个号码相连，但前面不和第四个号码相连的情形，本章用"56"表示这种连号情形。

（6）第一个号码、第二个号码和第三个号码相连，但后面不和第四个号码相连的情形，本章用"123"表示这种连号情形。

（7）第二个号码、第三个号码和第四个号码相连，但前面不和第一个号码相连、后面不和第五个号码相连的情形，本章用"234"表示这种连号情形。

……

（10）第一个号码、第二个号码、第三个号码和第四个号码相连，但后面不和第五个号码相连的情形，本章用"1234"表示这种连号情形。

……

（13）第一个号码、第二个号码、第三个号码、第四个号码和第五个号码相连，但后面不和第六个号码相连的情形，本章用"12345"表示这种连号情形。

（14）第二个号码、第三个号码、第四个号码、第五个号码和第六个号码相连，但前面不和第一个号码相连的情形，本章用"23456"表示这种连号情形。

（15）六个号码全相连的情形，本章用"123456"表示这种连号情形。

（16）没有连号的情形，本章用"0"表示这种连号情形。

6.3.3 数据统计与分析

表6.1为双色球前区16种不同连号情形出现次数统计表，统计周期为双色球从第2003001期至第2016105期，共2004期，该表已经按出现次数由高到低进行了排序。

表 6.1 不同连号情形出现次数统计表

连号情形	出现次数	总次数	占比
0	693	2004	34.58%
56	340	2004	16.97%
12	287	2004	14.32%
34	260	2004	12.97%
23	243	2004	12.13%
45	243	2004	12.13%
456	55	2004	2.74%
123	51	2004	2.54%
234	44	2004	2.20%
345	43	2004	2.15%
1234	9	2004	0.45%
3456	9	2004	0.45%
2345	5	2004	0.25%
12345	1	2004	0.05%
23456	0	2004	0.00%
123456	0	2004	0.00%

从表 6.1 可以看出，在开出连号的情况下，单纯的两连号 56 出现次数最多，远超其他连号情形。其次是 12、34。单纯的 2 连号出现次数占比接近 69%，其他连号情形出现次数占比加起来也不到 11%，所以大家选号时应重点考虑 2 连号。

6.3.4 开出连号也是大概率事件

从表 6.1 可以看出，没有连号的情形只占不到 35%，也就是说在超过 65% 的情况下都会开出连号。有读者问了，69%+11% 不是等于 80% 吗，怎么说连号情形出现总次数占比才 65%，应该是接近 80% 才对啊？这是因为，有时双色球一期中会开出 2 组甚至 3 组连号。比如双色球第 2003041 期，前区开出 02、03、17、18、24、25 六个号码，这六个号码就是由 3 组单纯的 2 连号组成的，也就是说这一期就开出了 3 个 2 连号。

超过 65% 的情况下都会开出连号，在选号时彩民朋友还会故意避开连号吗？

6.4 奇偶比详解

6.4.1 奇数号码和偶数号码

奇数也称为单数，数学中将不能被 2 整除的整数称为奇数。奇数的个位数为 1、3、5、7、9，比如 5、17、29 等都是奇数。奇数对应的号码就是奇数号码，比如号码 07、13、21 等都是奇数号码。

偶数也称为双数，数学中将能被 2 整除的整数称为偶数。偶数的个位数为 0、2、4、6、8，比如 4、12、20 等都是偶数。偶数对应的号码就是偶数号码，比如号码 06、12、28 等都是偶数号码。

双色球前区 33 个号码按奇偶分类，有奇数号码 17 个，分别为 01、03、05、07、09、11、13、15、17、19、21、23、25、27、29、31、33；有偶数号码 16 个，分别为 02、04、06、08、10、12、14、16、18、20、22、24、26、28、30、32。

6.4.2 奇偶比

从双色球前区 33 个号码中任意选择 6 个号码组成一注前区投注组合，这 6 个号码之中奇数号码个数与偶数号码个数的比，称为双色球前区奇偶比。

前区 6 个号码共有 7 种不同类型的奇偶比，分别为 0:6、1:5、2:4、3:3、4:2、5:1、6:0。这些比例中，前面的数字代表奇数号码在 6 个开奖号码中所占的个数，后面的数字代表偶数号码在 6 个开奖号码中所占的个数。

6.4.3 奇偶比形态分析

统计表明，奇偶比为 3:3、4:2、2:4 的类型出现总次数占比超过 82%，所以大家应该果断选择以上三种类型的奇偶比。但应以奇偶比类型为 3:3 的为主，因为该类型不但出现次数最多，而且实际出现次数超过理论出现次数，属于偏热的奇偶比类型。

选号时绝对不能纠结于奇偶比，如果深究某个位置奇数号码和偶数号码的出现次数，就会陷入概率陷阱。统计表明，双色球前区出现最多的奇偶分布类型是"奇偶奇偶奇偶"，该形态出现次数占比约为3%，明显热于其他奇偶分布类型。但如果你坚守这一形态，那你只能在3%的情况下选对奇偶分布类型，这又何必呢？选对奇偶分布类型又不代表能选对6个号码。

6.5　质合比详解

6.5.1　质数号码和合数号码

质数也称为素数，数学中将只能被1和它本身整除的数称为质数，也就是说质数除了1和它本身以外不再有其他的因数，比如2、17、29等都是质数。质数对应的号码就是质数号码，比如号码02、17、29等都是质数号码。

合数，指自然数中除了能被1和它本身整除外，还能被其他的数整除（不包括0）的数，比如4、18、26等都是合数。合数对应的号码就是合数号码，比如号码04、18、26等都是合数号码。自然数1既不是质数也不是合数，但在本书中1都按质数对待，与之对应的号码01也按质数号码对待。

双色球前区33个号码按质合分类，有质数号码12个，分别为01、02、03、05、07、11、13、17、19、23、29、31；有合数号码21个，分别为04、06、08、09、10、12、14、15、16、18、20、21、22、24、25、26、27、28、30、32、33。

通过对双色球前区33个号码的质合分类，可以看出：质数号码较少，而且除了号码02之外，其它质数号码同时都是奇数号码；合数号码较多，而且包括了除号码02之外所有的偶数号码和一部分奇数号码。

6.5.2 质合比

从双色球前区 33 个号码中任意选择 6 个号码组成一注前区投注组合，这 6 个号码之中质数号码个数与合数号码个数的比，称为双色球前区质合比。

前区 6 个号码共有 7 种不同类型的质合比，分别为 0:6、1:5、2:4、3:3、4:2、5:1、6:0。这些比例中，前面的数字代表质数号码在 6 个开奖号码中所占的个数，后面的数字代表合数号码在 6 个开奖号码中所占的个数。

6.5.3 质合比形态分析

统计表明，在上述 7 种质合比类型中，出现次数最多的是 2:4，其次是 3:3。大家选号时不必过分执着于质合比，我在这里建议大家重点关注质合比为 3:3 的类型，因为该类型可以大幅提高中奖概率。

根据质合比 3:3 进行选号，意味着你须从 12 个质数号码里面选择 3 个号码，再从 21 个合数号码里面选择 3 个号码。表面上看这还是从 33 个号码里面选择 6 个号码，但其实选号范围已大幅缩小。因为 33 选 6 有 1107568 个组合，而（12 选 3）×（21 选 3）=292600 个组合，后者只是前者的 26.42%。

6.6 大小比详解

6.6.1 大号和小号

大号就是数值相对较大的号，小号就是数值相对较小的号。

大号和小号是号码相互比较而产生的概念。

既然存在着号码之间的相互比较，那就应该确定一个进行比较的标准，通常都以拿来进行相互比较的所有号码的平均值作为区分大号和小号的标准。

双色球前区共有 33 个号码，这 33 个号码的和为 561，平均值为 17，这里规定 17 以下为小号，17 以上（含 17）为大号。

所以双色球前区 33 个号码之中有 16 个小号，分别为 01、02、03、04、05、06、07、08、09、10、11、12、13、14、15、16；有 17 个大号，分别为 17、18、19、20、21、22、23、24、25、26、27、28、29、30、31、32、33。

6.6.2 大小比

从双色球前区 33 个号码中任意选择 6 个号码组成一注前区投注组合，这 6 个号码之中大号个数与小号个数的比，称为双色球前区大小比。

前区 6 个号码共有 7 种不同类型的大小比，分别为 0:6、1:5、2:4、3:3、4:2、5:1、6:0。这些比例中，前面的数字代表大号在 6 个开奖号码中所占的个数，后面的数字代表小号在 6 个开奖号码中所占的个数。

前区 6 个号码的大小分布共有 7 种不同的大小形态，分别为大大大大大大、小大大大大大、小小大大大大……

6.6.3 大小比形态分析

1. 统计表明，大小比为 3:3、2:4、4:2 的类型出现次数占比约为 83%，所以大家应该果断选择以上三种类型的大小比。

2. 统计表明，小号个数虽然比大号少 1 个，但出现概率却比大号高了约 4.5%，这说明双色球前区小号比大号热得多，所以大家选号时应该倾向于小号。

6.7 同尾现象详解

6.7.1 尾数的概念

尾数就是号码的个位数。比如号码 26 个位数是 6，尾数就是 6。

双色球前区 33 个号码共有 9 个不同的尾数，其中，尾数为 1 的号码有

01、11、21、31，尾数为 2 的号码有 02、12、22、32，尾数为 3 的号码有 03、13、23、33，尾数为 4 的号码有 04、14、24，尾数为 5 的号码有 05、15、25，尾数为 6 的号码有 06、16、26，尾数为 7 的号码有 07、17、27，尾数为 8 的号码有 08、18、28，尾数为 9 的号码有 09、19、29，尾数为 0 的号码有 10、20、30。可见，尾数 1、2、3 的分别对应四个号码，尾数为 4、5、6、7、8、9、0 的分别对应三个号码。

6.7.2 同尾号

同尾号就是尾数相同的号码。比如号码 16 和 26 有共同的尾数 6，这两个号码就是同尾号。

双色球前区从 33 个号码里面选出 6 个号码，同尾号的个数只能是 0 个、2 个、3 个、4 个、5 个或 6 个；同尾号的组数只能有 0 个、1 个、2 个或 3 个。

6.7.3 同尾现象数据统计

表 6.2 为双色球前区不同尾数的号码出现次数统计表，统计周期为双色球从第 2003001 期至第 2015052 期，共 1797 期，该表已经按出现次数由高到低进行了排序。

表 6.2 不同尾数出现次数统计表

尾数	出现次数	尾数	出现次数
2	1326	0	997
1	1295	4	978
3	1278	8	976
7	1030	5	955
6	998	9	949

表 6.3 为双色球前区不同的同尾个数的实际出现次数、理论出现次数和出现频率统计表，统计周期为双色球从第 2003001 期至第 2015052 期，共 1797 期，该表已经按实际出现次数由高到低进行了排序。

表 6.3　不同的同尾个数实际出现次数、理论出现次数和出现频率统计表

同尾个数	实际出现次数	理论出现次数	出现频率
2	889	915	49.47%
0	437	427	24.32%
4	339	329	18.86%
3	95	90	5.29%
5	28	28	1.56%
6	9	12	0.50%

表 6.4 为双色球前区不同的同尾组数的实际出现次数、理论出现次数和出现频率统计表,统计周期为双色球从第 2003001 期至第 2015052 期,共 1797 期,该表已经按实际出现次数由高到低进行了排序。

表 6.4　不同的同尾组数的实际出现次数、理论出现次数和出现频率统计表

同尾组数	实际出现次数	理论出现次数	出现频率
1	986	1006	54.87%
0	437	427	24.32%
2	365	354	20.31%
3	9	12	0.50%

6.7.4　开出同尾号是更大概率事件

这部分数据没有再更新,一是因为这不是本书重点推荐的方法;二是因为经过 200 多期开奖后,以上各种情形变化不会太大,1797 期的数据已经很有说服力了;三是因为同尾号各种情形差异不大,对选号没有明显的指引作用,通过以上图表也可以看出这一点(不同情形的实际出现次数与理论出现次数都相差无几)。

同尾个数为 0 的情形占到了 24.32%,也就是说在接近 1/4 的情况下是开不出同尾号的。同时也说明,在超过 75% 的情况下都会开出同尾号。

与重号、连号一样,我想大家潜意识里也认为同尾号开出的概率不高,所以选号时会故意避开同尾号。现在大家知道了,这同样大错特错,因为在超过 75% 的情况下都会开出同尾号。现在,你选号时还会故意避开同尾号吗?

你能做到选号时不故意避开同尾号就够了,不必纠结于怎么确定哪些号码尾数相同或者选择哪些尾数的号码作为同尾号,否则就是过犹不及。

6.8 和值详解

6.8.1 和值的概念

双色球前区和值就是双色球前区六个号码的和。比如,双色球第2008108期前区开出09、10、15、17、23、30六个号码,前区和值就是9+10+15+17+23+30=104。

根据双色球前区号码的属性可知,双色球前区和值的取值范围为21-183。

当双色球前区开出最小的六连号,即号码01、02、03、04、05、06时,和值为21。

当双色球前区开出最大的六连号,即号码28、29、30、31、32、33时,和值为183。

6.8.2 和值统计数据

表6.5为双色球前区不同和值出现次数统计表,统计周期为双色球从第2003001期至第2016105期,共2004期,该表已经按出现次数由高到低进行了排序。

表6.5 不同和值出现次数统计表

和值	出现次数	和值	出现次数	和值	出现次数
89	46	102	40	111	36
90	46	106	40	115	35
105	45	91	39	100	33
101	44	96	39	107	33
103	42	94	36	109	33
99	40	95	36	112	33

第6章 前区技术指标详解

续表

和值	出现次数	和值	出现次数	和值	出现次数
97	32	130	19	52	4
104	32	134	19	53	4
108	32	77	18	143	4
113	32	127	18	155	4
93	31	67	17	51	3
110	31	79	17	59	3
98	30	72	16	145	3
85	29	132	16	146	3
80	28	70	14	152	3
114	28	64	13	41	2
116	28	71	12	42	2
75	27	144	12	43	2
87	27	73	11	48	2
118	27	136	11	50	2
119	27	137	11	54	2
120	27	131	10	58	2
125	26	60	9	149	2
82	25	65	9	153	2
84	25	66	9	159	2
117	25	56	8	47	1
124	24	61	8	49	1
83	23	68	8	147	1
86	23	135	8	154	1
81	22	138	8	158	1
88	22	63	7	163	1
92	22	133	7	170	1
123	22	69	6	21	0
76	21	140	6	22	0
78	21	142	6	23	0
129	21	148	6	24	0
126	20	57	5	25	0
74	19	62	5	26	0
121	19	139	5	27	0
122	19	141	5	28	0
128	19	150	5	29	0

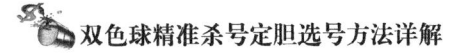

续表

和值	出现次数	和值	出现次数	和值	出现次数
30	0	55	0	172	0
31	0	151	0	173	0
32	0	156	0	174	0
33	0	157	0	175	0
34	0	160	0	176	0
35	0	161	0	177	0
36	0	162	0	178	0
37	0	164	0	179	0
38	0	165	0	180	0
39	0	166	0	181	0
40	0	167	0	182	0
44	0	168	0	183	0
45	0	169	0		
46	0	171	0		

6.8.3 和值选号注意事项

双色球前区和值主要围绕 100 上下波动。所以大家选号时，和值取值应该以 100 左右为主，不必太过纠结于具体的和值。

和值取值最多的是 89 和 90，所以大家选号时，和值取值应该优先考虑这两个值。

理论上和值为 88、92 的情形出现次数应该很高，但实际上这两种情形都只出现了 22 次，远低于与之相邻的 89、90、91、93、94，所以大家选号时，和值最好避开 88、92。

对和值取值无须纠结太多，注意以上三点，特别是第一点就够了。

6.9 AC 值详解

6.9.1 AC 值的概念

AC 值主要是用来反映数字的离散性的，是指在一个号码组合中，任意两个数字之间不相同的正差值的总个数减去"选号数量-1"的值。对于双色球前区来说，其 AC 值就是前区 6 个号码两两相减所得到的 15 个正差值之中不相同的正差值的个数减去"6-1"，也就是减去 5 所得的值。

比如，双色球第 2003001 期前区开出 10、11、12、13、26、28 六个号码，这六个号码两两相减所得的 15 个正差值分别为 1、2、3、16、18、1、2、15、17、1、14、16、13、15、2，其中不相同的正差值分别为 1、2、3、13、14、15、16、17、18，不相同的正差值的个数为 9，那么本期 AC 值就是 9-5=4。

AC 值的计算虽然用不上多么高深的数学知识，但由于数据较多，有可能会搞混，所以还是很麻烦的。但大家不必自己计算所选择的投注组合的 AC 值，因为网上有很多 AC 值计算器，大家可以上网搜索。

双色球前区 AC 值理论取值范围为 0-10。

（1）当前区六个号码为六连号时，AC 值为 0。假如双色球前区开出 01、02、03、04、05、06 六个号码，六个号码两两相减所得的不相同的正差值个数为 5，那么 AC 值就是 0。

（2）当前区六个号码互减所得的正差值不相同的个数为 15 时，AC 值为 10。比如，双色球第 2003006 期前区开出 01、03、10、21、26、27 六个号码，六个号码两两相减所得的不相同的正差值个数为 15，那么 AC 值就是 10。

除以上两种情况外，AC 值的取值范围为 1-9。

6.9.2 统计数据及分析

表 6.6 为双色球前区不同 AC 值的出现次数和出现频率统计表，统计周期为双色球从第 2003001 期至第 2016105 期，共 2004 期，该表已经按出现次数由高到低进行了排序。

表 6.6 不同 AC 值的出现次数和出现频率统计表

AC 值	出现次数	出现频率
8	587	29.29%
7	420	20.96%
6	336	16.77%
9	293	14.62%
10	145	7.24%
5	124	6.19%
4	72	3.59%
3	19	0.95%
2	8	0.40%
0	0	0.00%
1	0	0.00%

从表 6.6 可以看出，双色球前区 AC 值取值明显集中于 6、7、8、9 四个数值，其中又以取值为 8 的情形出现次数最多。所以大家选号时，双色球前区 AC 值取值应该向这几个数值倾斜，尤其应该向数值 8 倾斜。

6.10 除 3 余数详解

6.10.1 除 3 余数的概念

除 3 余数是指一个数值除以 3 所得的余数。比如 6 除以 3，余数为 0；17 除以 3，余数为 2……

一个数值除以 3，其余数只能是 0、1、2。

双色球前区共有 33 个号码，这 33 个号码可以按除 3 余数分为除 3 余 0

的号码、除 3 余 1 的号码、除 3 余 2 的号码。

除 3 余 0 的号码共 11 个，包括号码 03、06、09、12、15、18、21、24、27、30、33，以下简称 0 路号码。

除 3 余 1 的号码共 11 个，包括号码 01、04、07、10、13、16、19、22、25、28、31，以下简称 1 路号码。

除 3 余 2 的号码共 11 个，包括号码 02、05、08、11、14、17、20、23、26、29、32，以下简称 2 路号码。

6.10.2 统计数据及分析

表 6.7 为双色球前区 0 路号码、1 路号码、2 路号码的出现次数和出现频率统计表，统计周期为双色球从第 2003001 期至第 2015053 期，共 1798 期，号码出现总次数为 1798×6=10788。该表已经按出现次数由高到低进行了排序。

表 6.7　0 路号码、1 路号码、2 路号码的出现次数和出现频率统计表

号码	出现次数	出现频率
2 路号码	3668	34.00%
1 路号码	3600	33.37%
0 路号码	3520	32.63%

这部分数据也没有更新，理由同本章第七节第四项第 1 分项，这里不再详述。

网上有很多吹嘘除 3 余数选号法有多么神奇的，但其实经过统计大家就会发现，除 3 余数所得各路号码的出现次数与理论出现次数根本没什么大的差异，用除 3 余数来指导选号根本算不上好方法。大家不要被网上随便举的几个例子所迷惑，不要根据网上所说的那样倾向于选择哪一路的号码。

当然，除 3 余数所得各路号码的出现次数还是有所差别的，但差别实在不大，表 6.7 一目了然，大家都能看明白。

6.11 隔期码详解

6.11.1 隔期码的概念

网上有很多人谈到隔期码，也有人专门写书论述过隔期码的重要性。为了对此进行验证，我决定统计一下隔期码出现次数。

隔期码指的是隔一期的号码，比如对于 2003003 期来说，2003001 期前区六个号码就是隔期码。网上有人妄称，超过 60%的情况下能用隔期码选对 3 个及 3 个以上号码。我实在不服，下面就用事实来反驳他吧。

6.11.2 统计数据及分析

表 6.8 为双色球前区隔期码选对不同号码个数的出现次数统计表，统计周期为双色球从第 2003001 期至第 2016105 期，共 2004 期，该表已经按出现次数由高到低进行了排序。

表 6.8 隔期码选对不同号码个数的出现次数统计表

选对号码个数	出现次数	选对号码个数	出现次数
0	506	4	16
1	874	5	0
2	506	6	0
3	100		

从表 6.8 可以看出，隔期码选对 3 个及 3 个以上号码的总次数只有 116 次，占比不足 5.8%，哪里有什么 60%以上呢？

第 7 章

前区精准选号方法

虽然本章标题为"前区精准选号方法",但要精确选出6个前区号码是不可能的,只能给出一个"缩小到很小甚至是最小"的选号范围,然后再根据某些条件进行过滤,从而组成一些具体的投注组合。至于能否中一等奖,那还得看运气,本章只能提供一些提高中奖概率的方法,绝对无法保证大家中一等奖。

本章重点为大家讲述围号选号法和行列选号法,并在最后将这两种方法(也会辅以其他方法)结合起来进行具体运用举例,从而让大家能够掌握到具体的选号方法。本章对围号选号法和行列选号法的论述与百度阅读电子版有巨大差异,读者在读过本章后自会明了差异之处。

7.1 围号选号法详解

7.1.1 围号选号法的由来

我在百度阅读上提出过十二值选号法，效果非常好。现在提出的围号选号法与十二值选号法非常类似，但效果要好得多。为了证明围号选号法的效果，我决定把这两种选号方法进行对比。所以这里将把百度阅读上有关十二值选号法的主要内容引用过来，具体如下。

1. 概念

双色球前区十二值选号法就是用胜率最低的 18 种杀号方法每期所杀的号码作为选号范围进行选号的方法。比如，双色球第 2010025 期前区开出 04、05、07、10、13、25 六个号码，胜率最低的 18 种杀号方法对应的号码去掉重复项并按由小到大的顺序进行排序后分别为：01、02、03、04、05、07、08、13、14、18、19、21、22，那么下期前区投注时就可以从这 13 个号码之中选择若干个号码。结果双色球第 2010026 期前区开出 02、04、05、08、19、22 六个号码，六个号码全部出自这 13 个号码之中。

该方法为什么叫十二值选号法呢？

因为胜率最低的 18 种杀号方法每期所杀的号码大部分情况下都不足 18 个。事实上，胜率最低的 18 种杀号方法每期所杀的号码平均只有 12.4 个。所以，这里才将这种方法称为十二值选号法。

那么，为什么胜率最低的 18 种杀号方法每期所杀的号码平均只有 12.4 个呢？因为胜率最低的 18 种杀号方法每期所杀的号码经常有重复现象。比如，双色球第 2003004 期前区开出 04、06、07、10、13、25 六个号码，后区开出号码 03，那么胜率最低的 18 种杀号方法所杀的号码依次为：04、01、14、04、05、04、05、19、05、08、05、10、04、01、18、29、14、04，其中号码 01、04、05、14 都有重复现象。事实上这 18 种杀号方法所杀的号码只有9个,即01、04、05、08、10、14、18、19、29。

胜率最低的18种杀号方法具体包括哪些方法,这一点在第五章第二节已有过论述,这里不再赘述。

2. 数据与分析

为了更直观地说明双色球开奖号码与胜率最低的18种杀号方法每期所杀号码的关系,我挑选双色球从第20030002期至第2003011期共10期开奖号码,将这些开奖号码与胜率最低的18种杀号方法每期所杀的号码混合分布,并按由小到大的顺序进行排列,同时将这些开奖号码加粗加大以区别于胜率最低的18种杀号方法每期所杀的号码。也就是说,没有加粗加大的号码就是胜率最低的18种杀号方法每期所杀的号码。加粗加大的号码与没有加粗加大的号码重复,表示这些开奖号码出自胜率最低的18种杀号方法每期所杀的号码之中。

这10期的测试是随机的,因为这是双色球最早的10期数据,那个时候谁也发现不了任何规律,用那个时候的数据进行测试应该最有说服力。第2003001期是第一期,其前面没有开奖数据,所以无法进行测试。结果如下:

(1)第2003002期:1、1、1、2、2、4、4、5、7、9、9、9、11、13、17、19、20、21、21、21、22、25、26。本例之中,号码04、09、21都出自胜率最低的18种杀号方法所杀的号码之中,号码20、26都与自胜率最低的18种杀号方法所杀的号码之中相应的号码相邻。

(2)第2003003期:1、1、1、2、5、5、5、6、7、7、7、8、8、10、11、14、15、19、19、20、23、23、28、32。本例之中,号码01、07、23都出自胜率最低的18种杀号方法所杀的号码之中,号码10与胜率最低的18种杀号方法所杀的号码之中相应的号码相邻。

(3)第2003004期:2、3、3、4、5、5、6、6、7、8、8、8、9、10、12、13、16、16、16、、18、21、25、25、27。本例之中,号码06、25都出自胜率最低的18种杀号方法所杀的号码之中,号码04、07、10、13都与胜率最

低的 18 种杀号方法所杀的号码之中相应的号码相邻。

（4）第 2003005 期：1、1、4、4、4、4、4、5、5、5、5、6、8、10、14、14、15、17、18、19、29、30、31。本例之中，号码 04 出自胜率最低的 18 种杀号方法所杀的号码之中，号码 06、15、17、30 都与胜率最低的 18 种杀号方法所杀的号码之中相应的号码相邻。

（5）第 2003006 期：1、1、1、3、3、3、4、4、5、5、5、7、10、11、12、16、18、19、20、21、24、26、27、27。本例之中，号码 01、03、27 都出自胜率最低的 18 种杀号方法所杀的号码之中，号码 10、21、26 都与胜率最低的 18 种杀号方法所杀的号码之中相应的号码相邻。

（6）第 2003007 期：1、1、2、2、3、4、7、7、7、7、8、8、8、9、16、16、17、18、19、20、21、23、26、26。本例之中，号码 01、26 都出自胜率最低的 18 种杀号方法所杀的号码之中，号码 09、19、21 都与胜率最低的 18 种杀号方法所杀的号码之中相应的号码相邻。

（7）第 2003008 期：1、2、2、3、5、6、7、7、7、8、8、8、9、9、12、12、14、15、16、17、18、19、23、25。本例之中，号码 08、09 都出自胜率最低的 18 种杀号方法所杀的号码之中，号码 05、14、17 都与胜率最低的 18 种杀号方法所杀的号码之中相应的号码相邻。

（8）第 2003009 期：1、1、2、4、4、4、5、5、6、6、6、9、10、10、12、16、18、19、20、20、22、24、30。本例之中，号码 05、20 都出自胜率最低的 18 种杀号方法所杀的号码之中，号码 09、18 都与胜率最低的 18 种杀号方法所杀的号码之中相应的号码相邻。

（9）第 2003010 期：1、1、2、4、4、4、5、6、6、6、7、8、8、9、11、11、13、17、19、20、20、23、23、24。本例之中，号码 01、08 都出自胜率最低的 18 种杀号方法所杀的号码之中，号码 02、24 都与胜率最低的 18 种杀号方法所杀的号码之中相应的号码相邻。

（10）第 2003011 期：1、2、4、5、5、5、8、8、8、9、10、10、10、11、

11、12、13、15、16、17、19、24、30、32。本例之中，号码 05、11 都出自胜率最低的 18 种杀号方法所杀的号码之中，号码 04、12 都与胜率最低的 18 种杀号方法所杀的号码之中相应的号码相邻。

从以上 10 期数据中不难看出，双色球当期开奖号码多数与上述 18 种杀号方法每期所杀的号码有关，要么直接出自胜率最低的 18 种杀号方法每期所杀的号码之中，要么与胜率最低的 18 种杀号方法每期所杀的号码之中相应的号码相邻。

3. 效果

很多情况下，胜率最低的 18 种杀号方法所杀的号码在下期开出的个数都是很惊人的。

比如，双色球第 2004106 期前区开出 10、15、23、26、28、29 六个号码，上述 18 种杀号方法每期所杀的号码去掉重复项并按由小到大的顺序进行排列后分别为：01、02、05、08、09、11、12、13、14、18、20、22、23、25，总共只有 14 个。结果双色球第 2004107 期前区开出 01、08、12、13、18、20 六个号码，六个号码全部出自胜率最低的 18 种杀号方法所杀的号码之中。

再比如，双色球第 2006116 期前区开出 05、16、21、22、32、33 六个号码，上述 18 种杀号方法每期所杀的号码去掉重复项并按由小到大的顺序进行排列后分别为：04、05、06、08、09、11、12、14、20、22、23、26，总共只有 12 个。结果双色球第 2006117 期前区开出 06、14、20、22、23、26 六个号码，六个号码同样全部出自胜率最低的 18 种杀号方法所杀的号码之中，并且后面五个号码连顺序都一模一样。

4. 胜率最低的 18 种杀号方法每期所杀的号码在不同位置出现次数统计

表 7.1 为胜率最低的 18 种杀号方法每期所杀的号码在不同位置出现次数和出现概率统计表，统计周期为双色球从第 2003001 期至第 2015023 期，共 1768 期。

表 7.1　每期所杀号码在不同位置出现次数和概率统计表

号码位置	第一个号码	第二个号码	第三个号码	第四个号码	第五个号码	第六个号码
出现次数	1178	1008	807	644	456	229
出现概率	66.67%	57.05%	45.67%	36.45%	25.81%	12.96%

从表 7.1 可以看出：双色球前区第一个号码在接近 67% 的情况下都出自胜率最低的 18 种杀号方法每期所杀的号码之中，第二个号码在超过 57% 的情况下也出自胜率最低的 18 种杀号方法每期所杀的号码之中。所以，大家选号时，第一个号码和第二个号码一定要重点参考胜率最低的 18 种杀号方法每期所杀的号码。

双色球前区第六个号码出自胜率最低的 18 种杀号方法每期所杀的号码之中的情形只占不到 13%，第五个号码出自胜率最低的 18 种杀号方法每期所杀的号码之中的情形也只占不到 26%。所以，大家选号时，第五个号码和第六个号码要尽量避开胜率最低的 18 种杀号方法每期所杀的号码。特别是第六个号码，在接近 87% 的情况下都不会出自胜率最低的 18 种杀号方法每期所杀的号码之中，所以更应该避开胜率最低的 18 种杀号方法每期所杀的号码。

5．运用

前面提到过，双色球前区第五个号码和第六个号码要尽量避开胜率最低的 18 种杀号方法每期所杀的号码，特别是第六个号码。而第一个号码要尽量从胜率最低的 18 种杀号方法每期所杀的号码之中选择。那么，具体该怎么做呢？

最好从胜率最低的 18 种杀号方法每期所杀的号码里面的前 8 个号码之中选择下期前区第一个号码和第二个号码。

最好从已被选作第一个号码和第二个号码之外的胜率最低的 18 种杀号方法每期所杀的号码及其相邻号码之中选择下期前区第三个号码和第四个号码。

第五个号码则应尽量避开胜率最低的 18 种杀号方法每期所杀的号码,而应倾向于选择其相邻号码。

第六个号码最好避开胜率最低的 18 种杀号方法每期所杀的号码,而主要从 30~33 这四个号码之中选择。

6. 结论

经过我对双色球从第 2003001 期至第 2015023 期这 1768 期开奖号码的精确统计,得出如下结论:按照前面提到的 4 点经验和技巧,运用双色球前区十二值选号法,在这 1768 期之中总共测试了 1767 次,总共选中 8739 个号码,平均每期能够选中 4.95 个号码。

其中选中 6 个号码的次数为 531 次,占比 30.05%;选中 5 个号码的次数为 738 次,占比 41.77%;选中 4 个号码的次数为 382 次,占比 21.62%;选中 3 个号码的次数为 103 次,占比 5.83%;选中 2 个号码的次数为 13 次,占比仅为 0.74%。选中 1 个号码和 0 个号码的次数均为 0 次。也就是说,每期最少能够选中 2 个号码。

上述统计数据还可以表述为:按照前面提到的 4 点经验和技巧,运用双色球前区十二值选号法,在这 1768 期之中总共测试了 1767 次,其中选中 5 个及 5 个以上号码的次数为 1269 次,占比 71.82%;选中 4 个及 4 个以上号码的次数为 1651 次,占比 93.44%;选中 3 个及 3 个以上号码的次数为 1754 次,占比 99.26%;选中 2 个及 2 个以上号码的次数为 1767 次,占比 100%。从这些统计数据明显可以看出,十二值选号法的选号效果大大好于前区号码互减所得的值选号法。

经过严格而又完整的统计,在双色球从第 2003001 期至第 2015023 期这 1768 期的 1767 次测试过程中,只用胜率最低的 18 种杀号方法每期所杀的号码作为选号范围,选对 4 个以上号码的次数为 287 次,占比为 16.24%,每期的选号范围约为 12 个号码。能在 16.24% 的情况下(平均每 6 期左右),从约 12 个号码之中选对 4 个以上号码,这完全符合我在总论中提到的"偶尔有那么几次或者一两次中奖概率比别人高很多"这一点。

7．预测

前面提到过，我根据十二值选号法对 2015 年 4 月 12 日的双色球开奖号码进行了预测，那次预测也从 16 个号码之中预测对了 4 个号码，而且是在当期双色球停售前公开公布在了百度贴吧双色球吧上。但那次预测其实是一个广告帖的一部分，下面是帖子的链接：

http://tieba.baidu.com/p/3695043170?pid=66871332595&cid=0#66871332595

那次预测包含广告内容，这里不作详述。现在重点谈谈我对 2015 年 5 月 3 日双色球开奖号码的预测，这次预测也是根据十二值选号法进行的。

2015 年 4 月 30 日，双色球第 2015049 期，前区开出 07、12、14、17、20、23 六个号码，后区开出号码 05。胜率最低的 18 种杀号方法所杀的号码分别为：01、02、03、05、07、08、09、10、12、16、22、27，我将这些号码中的部分号码包围起来得出以下 16 个号码：01、02、03、05、07、08、09、10、12、15、16、21、22、26、27、28。当时我预料会从这 16 个号码里面开出 4 个号码，果然第 2015050 期前区开出了 03、09、12、16、17、31 六个号码，前四个号码全部出自我所预测的 16 个号码之中。事实上这四个号码也全部直接出自胜率最低的 18 种杀号方法所杀的号码，第五个号码与胜率最低的 18 种杀号方法所杀的号码 16 相邻，第六个号码则出自 30～33 这四个号码。严格说来，根据前面提到的经验和技巧，运用十二值选号法，这次预测对了六个号码。

这次预测发布在了我的新浪微博中，发布时间为 2015 年 5 月 3 日 18:22，开奖时间为 2015 年 5 月 3 日 21:15。我的新浪微博地址为 http://weibo.com/2496785664，下面我将这次预测原汁原味地复制粘贴过来，如下：

推荐双色球前区开奖号码：01、02、03、05、07、08、09、10、12、15、16、21、22、26、27、28，这 16 个号码里面大概会开出 4 个。

重要的是，我几乎每次都能从 16 个号码之中预测对 4 个号码。这不是靠运气，而是靠方法。光靠运气，大家也有可能选对 4 个号码，但如果靠方法能够预测对 4 个号码，再加上一点点运气，那大家选中 5 个甚至 6 个号码的概率就会大大提高。

8. 验证

双色球开到 2015037 期时，我决定对这种方法进行验证，一直验证到 2015058 期（此时本书写完）。这次验证总共测试了 21 期，在这 21 期测试中，从该方法直接给出的约 12 个号码之中开出 5 个号码的有 1 期，开出 4 个号码的有 9 期，开出 3 个号码的有 3 期，开出 2 个号码的有 7 期，开出 1 个号码的只有 1 期，没有 1 期开出 0 个号码。

双色球前区理论上从约 12 个号码之中可以开出约 2.18 个号码，所以上面 21 期测试理论上可以从约 12 个号码之中总共开出 21×2.18=45.78 个号码，但实际上却从该方法直接给出的约 12 个号码之中开出了 65 个号码！从该方法直接给出的号码之中实际开出号码个数是理论开出号码个数的 1.42 倍！

在这 21 期测试中，该方法平均每 2 期左右就有 1 期能从约 12 个号码之中选对 4 个以上（本书所说"以上"均包含本数，"以下"均不包含本数）号码。选对 4 个号码理论上需要 22 个号码，可以说该方法将选对 4 个号码的概率提高了无数倍。更何况该方法在这 21 期测试中还有 1 期能够从约 12 个号码之中选对 5 个号码！

理论上从约 12 个号码之中开出 2 个号码都算正常，但该方法在这完全随机的 21 期测试中，能在 10/21 即 47.62%的情况下从约 12 个号码之中开出 4 个以上号码，能在 13/21 即 61.9%的情况下从约 12 个号码之中开出 3 个以上号码，能在 20/21 即 95.24%的情况下从约 12 个号码之中开出 2 个以上号码，我想这效果根本不用我多说了。连续 21 期测试，无论如何也不能说是特例或巧合，否则那真是上天给我面子了。事实上这只能说明，我经过 1768 期统计得到的这个方法是科学的、有效的、可行的，是经得起检验的。

在这 21 期测试中，从该方法直接给出的约 12 个号码之中开出 4 个号码的期次为：2015038 期、2015041 期、2015044 期、2015045 期、2015049 期、2015050 期、2015051 期、2015055 期、2015058 期；开出 5 个号码的期次为：2015052 期；开出 3 个或 3 个以下号码的期次不再标示。

相信大家看完以上内容后，对十二值选号法就有了详细了解。十二值选号法效果的确很好，但如果加上"胜率最低的 18 种杀号方法的对应号码"的相邻号码的话，选号范围就过于宽泛，实际上难以操作。

7.1.2　围号选号法的概念

1. 围号选号法与十二值选号法一样，都是用胜率最低的 18 种杀号方法每期所杀的号码作为选号范围进行选号的方法。但"此 18 种方法"非"彼 18 种方法"，因为本书统计了 890 多种前区杀号方法，而百度阅读上只统计了 613 种，也就是说本书找到了胜率更低的 18 种杀号方法。

2. 就像前面大家看到的，并没有直接在当节列出百度阅读的 18 种具体方法，还得让读者朋友自己去百度阅读上第五章查找，这带来了诸多不便。为了让读者朋友一目了然,本章决定列出具体的"胜率最低的 18 种杀号方法"如下。

表 7.2 为胜率最低的 18 种杀号方法及其对应号码出现次数统计表，统计周期为双色球从第 2003001 期至第 2016105 期，共 2004 期，该表已经按对应号码出现次数由低到高进行了排序。

表 7.2　胜率最低的 18 种杀号方法及其对应号码出现次数统计表

杀号方法 代称	杀号方法描述	对应号码 出现次数
D_{2+38}	前区第二个号码加 38	400
I_{13}	后区号码减 13	400
J_7	后区号码加 7	400
A4-2	前区第四个号码减第二个号码	401
J2	后区号码加 2	401
C5-49	前区第五个号码减 49	402

续表

杀号方法 代称	杀号方法描述	对应号码 出现次数
D_{1+1}	前区第一个号码加 1	402
K_3	前区第三个号码减后区号码	402
C_{1-9}	前区第一个号码减 9	403
I_{22}	后区号码减 22	403
C_{6-62}	前区第六个号码减 62	405
C_{1-69}	前区第一个号码减 69	406
D_{1+15}	前区第一个号码加 15	408
I_{32}	后区号码减 32	408
C_{2-2}	前区第二个号码减 2	417
C_{4-14}	前区第四个号码减 14	417
C_{6-7}	前区第六个号码减 7	418
C_{6-11}	前区第六个号码减 11	426

从表 7.2 可以看出，胜率最低的 18 种杀号方法对应号码的出现次数都超过了前区最热号码 17 的出现次数（395 次），所以用它们来选号，至少在理论上是可行的。那么实际上效果如何呢？

7.1.3 围号选号法的效果

前面提到十二值选号法时，为了证明其效果，我加入了十二值选号法所包含的 18 种杀号方法对应号码的相邻号码作为选号范围，其实这是不科学的，因为这样选号范围太过宽泛。如果不用相邻号码，十二值选号法的真实效果是这样的：

在当时的统计区间（双色球从第 2003001 期至第 2015023 期，共 1768 期）内，十二值选号法共选对 4322 个号码，平均每期选对 2.45 个号码，其中选对 3 个以上号码的次数为 827 次，占比 46.8%。再精确一点说，选对 6 个号码的次数为 3 次，占比 0.17%；选对 5 个号码的次数为 57 次，占比 3.23%；选对 4 个号码的次数为 227 次，占比 12.85%；选对 3 个号码的次数为 540 次，占比 30.56%；选对 2 个号码的次数为 596 次，占比 33.73%；选对 1

个号码的次数为 299 次，占比 16.92%；选对 0 个号码的次数为 45 次，占比 2.55%。

围号选号法与十二值选号法效果对比：

（1）在双色球从第 2003001 期至第 2016105 期这 2004 期之中，围号选号法共选对 5071 个号码，平均每期选对约 2.53 个号码，其效果明显比十二值选号法更好。

（2）在双色球从第 2003001 期至第 2016105 期这 2004 期之中，围号选号法选对 6 个号码的次数为 6 次，占比 0.3%，其选对 6 个号码的概率明显超过十二值选号法。

（3）在双色球从第 2003001 期至第 2016105 期这 2004 期之中，围号选号法选对 5 个号码的次数为 62 次，占比 3.1%，其选对 5 个号码的概率略逊于十二值选号法，但差别不大。

（4）在双色球从第 2003001 期至第 2016105 期这 2004 期之中，围号选号法选对 4 个号码的次数为 292 次，占比 14.58%，其选对 4 个号码的概率明显超过十二值选号法。

（5）在双色球从第 2003001 期至第 2016105 期这 2004 期之中，围号选号法选对 3 个号码的次数为 646 次，占比 32.25%，其选对 3 个号码的概率明显超过十二值选号法。

（6）在双色球从第 2003001 期至第 2016105 期这 2004 期之中，围号选号法选对 3 个及 3 个以上号码的次数为 1006 次，占比 50.22%，而十二值选号法选对 3 个及 3 个以上号码的概率只有 46.8%。

（7）无论是围号选号法，还是十二值选号法，每期给出的号码个数都是 12 个左右，理论上从中开出 2 个号码算正常，开出 2 个以下号码则算失败。统计表明，十二值选号法开出 2 个以下号码的概率接近 19.5%，而围号选号法开出 2 个以下号码的概率只有不足 16.6%。特别是开出 0 个号码（也就是一个号码也开不出的情况）的概率，十二值选号法开出 0 个号码的概率为 2.55%，而围号选号法开出 0 个号码的概率为 2.35%。

凡此种种，均表明围号选号法效果的确好于十二值选号法。就拿开出 6 个号码的次数来说吧，十二值选号法经过 1768 期的统计，只开出了 3 次 6 个号码；而围号选号法只比十二值选号法多统计了 200 多期，但却开出了 6 次 6 个号码。当然，这里没有加上各自的相邻号码，因为那样每期约有 29 个号码可供选择，范围太过宽泛，实在难以操作。

所以大家可以弃用十二值选号法，转而采用围号选号法进行选号。

7.1.4 对围号选号法的选号效果进行验证

1. 随机验证

下面就从双色球第 2016106 期之后随机抽取 5 期进行验证。本书写到这里时，双色球开到了 2017009 期，那就验证最新的 5 期吧。

双色球第 2017004 期前区开出 05、13、17、26、27、30 六个号码，后区开出号码 07。此时围号选号法所包含的 18 种胜率最低的杀号方法对应的号码去掉重复项并按由小到大的顺序进行排列后分别为：01、04、06、09、10、11、12、13、14、15、19、20、22、23、25、32。结果双色球第 2017005 期前区开出 06、11、12、22、23、30 六个号码，其中 06、11、12、22、23 五个号码都出自围号选号法所对应的号码之中。

双色球第 2017005 期前区开出 06、11、12、22、23、30 六个号码，后区开出号码 05。此时围号选号法所包含的 18 种胜率最低的杀号方法对应的号码去掉重复项并按由小到大的顺序进行排列后分别为：03、07、08、09、11、12、17、19、21、23、26、27、32。结果双色球第 2017006 期前区开出 02、04、08、26、29、33 六个号码，其中 08、26 两个号码都出自围号选号法所对应的号码之中。

双色球第 2017006 期前区开出 02、04、08、26、29、33 六个号码，后区开出号码 08。此时围号选号法所包含的 18 种胜率最低的杀号方法对应的号码去掉重复项并按由小到大的顺序进行排列后分别为：02、03、05、07、10、12、14、15、17、20、22、24、26、29。结果双色球第 2017007 期前区开出 02、04、05、24、26、33 六个号码，其中 02、05、24、26 四个号码都出自围号选号法所对应的号码之中。

双色球第 2017007 期前区开出 02、04、05、24、26、33 六个号码，后区开出号码 15。此时围号选号法所包含的 18 种胜率最低的杀号方法对应的号码去掉重复项并按由小到大的顺序进行排列后分别为：02、03、07、10、17、20、22、23、26、29。结果双色球第 2017008 期前区开出 07、13、15、27、28、29 六个号码，其中 07、29 两个号码都出自围号选号法所对应的号码之中。

双色球第 2017008 期前区开出 07、13、15、27、28、29 六个号码，后区开出号码 13。此时围号选号法所包含的 18 种胜率最低的杀号方法对应的号码去掉重复项并按由小到大的顺序进行排列后分别为：01、02、08、09、10、11、13、14、15、18、19、20、21、22、33。结果双色球第 2017009 期前区开出 02、06、08、09、15、29 六个号码，其中 02、08、09、15 四个号码都出自围号选号法所对应的号码之中。

在这五期，从围号选号法对应号码之中开出 5 个号码的有 1 期，开出 4 个号码的有 2 期，开出 2 个号码的有 2 期，平均每期开出 3.4 个号码，其效果远好于前 2004 期。双色球前区理论上从 18.7 个号码之中才能开出 3.4 个号码，但在这五期，从每期约 13.6 个号码之中就能开出 3.4 个号码，你说这有没有大幅提高中奖概率呢？当然，这五期选号范围平均每期约为 13.6 个，略高于围号选号法整体平均选号范围（每期约 12 个左右）。

2. 深入分析围号选号法效果

本来本书要统一验证双色球从 2016106 期到 2017002 期，但本书写到这里时，双色球已经开到了 2017009 期，所以我决定对围号选号法验证到 2017009 期。

在这 57 期，从围号选号法对应号码之中开出 5 个号码的次数为 2 次，占比超过 3.5%，其效果比前面 2004 期还要好。

在这 57 期，从围号选号法对应号码之中开出 3 个及 3 个以上号码的次数为 27 次，占比 47.4%，其效果比不上前面 2004 期，但已经比十二值选号法效果好很多了。

重要的是，在这 57 期之中，从围号选号法对应号码之中开出 4 个、5 个号码的次数达到了 11 次，多么频繁啊！接近 20%的情况下能从围号选号法对应号码之中开出 4 个及 4 个以上号码，还有什么方法能做到这一点呢？

7.2 断行断列情形详解

7.2.1 断行断列情形概述

双色球前区共有 33 个号码，这些号码可以通过特定的排列方式组成一个行列图。本节对双色球前区行列分布情形进行了详细的统计、整理、测试、对比和分析，从中找出了一些特点和趋势，相信能够帮助大家更好地通过断行、断列的方式进行选号。

网上有很多双色球前区行列图，如五行七列图、六行六列图等。这些行列图有一个共同特点，就是行列之间号码个数分布都不均匀（比如五行七列图，将 33 个号码分成五行，肯定有至少一行的号码个数与其他行不同，分成七列也一样），所以通过这些行列图是无法得出有说服力的结论的。

本节将双色球前区 33 个号码分成了三行十一列，不同行以及不同列之间号码个数分布都是均匀的。所以，本节对双色球前区行列分布的研究是独一无二的，是有说服力的，而且本节找出了真正有效的断行断列方法，相信能够帮助大家巨幅缩小选号范围，同时大大提高中奖概率。

7.2.2 三行十一列表

双色球前区选号范围为 01~33 共 33 个号码,将这 33 个号码划分为三行,每行有十一个号码,这样就可以得到表 7.3 所示的表格。

表 7.3 三行十一列表

	1 列	2 列	3 列	4 列	5 列	6 列	7 列	8 列	9 列	10 列	11 列
1 行	1	2	3	4	5	6	7	8	9	10	11
2 行	12	13	14	15	16	17	18	19	20	21	22
3 行	23	24	25	26	27	28	29	30	31	32	33

该表即双色球前区三行十一列表,以下将三行十一列表中第一列简称为 1 列,第二列简称为 2 列……第十一列简称为 11 列;将第一行简称为 1 行,第二行简称为 2 行,第三行简称为 3 行。

从三行十一列表可以看出:每一行号码个数相同,每一列号码个数也相同,也就是说号码个数的分布在不同行、不同列之间都是均匀的,这就为不同行之间的行热度对比以及不同列之间的列热度对比奠定了一个平等的号码个数基础。

7.2.3 深入研究断行

1. 概念和类别

所谓断行,就是双色球前区六个开奖号码在三行十一列表中未出现在某些行的现象。

双色球前区每期从 33 个号码中开出六个号码,六个号码在三行十一列表中的分布有以下几种情形:

断 0 行(没有断行),也就是双色球前区六个开奖号码在三行十一列表中每一行都有出现的情形。比如,双色球第 2003001 期前区开出 10、11、12、13、26、28 六个号码,其中号码 10、11 分布在三行十一列表的 1 行,号码 12、13 分布在三行十一列表的 2 行,号码 26、28 分布在三行十一列表的 3 行。三行十一列表的三行都开出了相应的号码,该情形就属于断 0 行的情形。

断 1 行，就是双色球前区六个开奖号码在三行十一列表中的其中一行没有出现，但在其他两行都有出现的情形。比如，双色球第 2003003 期前区开出 01、07、10、23、28、32 六个号码，其中号码 01、07、10 分布在三行十一列表的 1 行，号码 23、28、32 分布在三行十一列表的 3 行，没有一个号码分布在三行十一列表的 2 行，该情形就属于断 1 行的情形。

断 2 行，就是双色球前区六个开奖号码只出现在三行十一列表中的其中一行，在其他两行都没有出现的情形。比如，双色球第 2003035 期前区开出 03、04、05、08、10、11 六个号码，这六个号码全部分布在三行十一列表的 1 行，没有一个号码分布在三行十一列表的 2 行和 3 行，该情形就属于断 2 行的情形。

在三行十一列表中，双色球前区不可能断 3 行。

2．数据统计与分析

表 7.4 为三行十一列表中不同行的出现次数、出现概率和平均每期出现个数统计表，统计周期为双色球从第 2003001 期至第 2016105 期，共 2004 期，该表已经按出现次数由高到低进行了排序。

表7.4　不同行的出现次数、出现概率和平均每期出现个数统计表

行次	出现次数	出现概率	平均每期 出现个数
2 行	4103	34.12%	2.05
1 行	4023	33.46%	2.01
3 行	3898	32.42%	1.95

从表 7.4 可以看出，2 行最热，但这三行的出现概率差别并不是太大，所以大家选号时只须略微倾向于 2 行即可，无须特别根据行热度进行选号。

表 7.5 为不同断行情形出现次数和出现概率统计表，统计周期为双色球从 2003001 期至 2016105 期，共 2004 期，该表已经按出现次数由高到低进行了排序。

表 7.5 不同断行情形出现次数和出现概率统计表

断行情形	出现次数	出现概率
断 0 行	1606	80.14%
断 1 行	395	19.71%
断 2 行	3	0.15%

从表 7.5 可以看出，断 0 行的情形出现概率超过了 80%，属于大概率事件，而断 1 行和断 2 行的情形都属于小概率事件，所以大家选号时应重点关注断 0 行的情形。

经过以上统计可知，断行意义并不大，本书并不支持断行，但不经统计又怎会知道这一点呢？这也是本书进行这些统计的意义所在。至少经过上面这些统计，大家明白了三行十一列表中断 0 行（也就是没有断行）的情形才是主流。

断行的意义虽然不大，但断列却有着异常重要的意义，具体请往下看。

7.2.4 深入研究断列

1．概念和类别

所谓断列，就是双色球前区六个开奖号码在三行十一列表中未出现在某些列的现象。

双色球前区每期从 33 个号码中开出六个号码，六个号码分布在三行十一列表中，最少断 5 列，最多断 9 列。

断 5 列以下（不含 5 列）需要至少开出 7 个号码，这当然是不可能的；断 9 列以上（不含 9 列）则最多只能开出 3 个号码。

所以，双色球前区断列情形包括以下几种。

（1）断 5 列，就是双色球前区六个开奖号码在三行十一列表中的其中五列都没有出现，但在其他六列都有出现的情形。比如，双色球第 2003001 期前区开出 10、11、12、13、26、28 六个号码，这六个号码分别出自 1 列、2

列、4 列、6 列、10 列、11 列，其余五列没有一个号码开出，该情形就属于断 5 列的情形。

（2）断 6 列，就是双色球前区六个开奖号码在三行十一列表中的其中六列都没有出现，但在其他五列都有出现的情形。比如，双色球第 2003006 期前区开出 01、03、10、21、26、27 六个号码，这六个号码分别出自 1 列、3 列、4 列、5 列、10 列，其余六列没有一个号码开出，该情形就属于断 6 列的情形。

（3）断 7 列，就是双色球前区六个开奖号码在三行十一列表中的其中七列都没有出现，但在其他四列都有出现的情形。比如，双色球第 2003003 期前区开出 01、07、10、23、28、32 六个号码，这六个号码分别出自 1 列、6 列、7 列、10 列，其余七列没有一个号码开出，该情形就属于断 7 列的情形。

（4）断 8 列，就是双色球前区六个开奖号码在三行十一列表中的其中八列都没有出现，但在其他三列都有出现的情形。比如，双色球第 2005118 期前区开出 04、09、12、15、26、31 六个号码，这六个号码分别出自 1 列、4 列、9 列，其余八列没有一个号码开出，该情形就属于断 8 列的情形。

（5）断 9 列的情形，就是双色球前区六个开奖号码在三行十一列表中的其中九列都没有出现，只出现在其他两列的情形。截止到 2016105 期，双色球还没有开出这一情形。

2．数据统计与分析

表 7.6 为三行十一列表中不同列的出现次数、出现概率和平均每期出现个数统计表，统计周期为双色球从第 2003001 期至第 2016105 期，共 2004 期，该表已经按出现次数由高到低进行了排序。

表 7.6　三行十一列表中不同列的出现次数、出现概率和平均每期出现个数统计表

列次	出现次数	出现概率	平均每期 出现个数
3 列	1126	9.36%	0.56
7 列	1118	9.30%	0.56
8 列	1114	9.26%	0.56

续表

列次	出现次数	出现概率	平均每期 出现个数
10列	1107	9.21%	0.55
6列	1099	9.14%	0.55
5列	1096	9.12%	0.55
1列	1091	9.07%	0.54
4列	1084	9.02%	0.54
9列	1077	8.96%	0.54
2列	1068	8.88%	0.53
11列	1044	8.68%	0.52

从表7.6可以看出，不同列之间出现概率差异很小，所以大家不必根据列热度进行选号。

表7.7为不同断列情形出现次数和出现概率统计表，统计周期为双色球从第2003001期至第2016105期，共2004期，该表已经按出现次数由高到低进行了排序。

表7.7 不同断列情形出现次数和出现概率统计表

断列情形	出现次数	出现概率
断6列	1015	50.65%
断5列	606	30.24%
断7列	363	18.11%
断8列	20	1.00%
断9列	0	0.00%

统计到现在终于发现了惊人的秘密：将双色球前区33个号码分成三行十一列之后，竟然可以至少一次断5列！断5列意味着什么？断1列意味着去掉3个号码，断5列自然意味着去掉15个号码，所以断5列情况下选号范围已经由33选6变成了18选6！

更惊人的是：断6列的出现概率竟然高于断5列的出现概率。而断6列则意味着选号范围由33选6变成了15选6！

从表7.7可以看出，断6列是出现概率最高的断列情形，其次是断5列，这两种情形加起来出现概率接近81%，所以大家选号时应该倾向于断6列或断5列的情形。

但是断 7 列的情形也值得注意，断 7 列意味着选号范围只剩下 12 个号码，而在这 12 个号码之中开出 6 个号码的次数达到惊人的 18.11%！

断 8 列和断 9 列的情形都属于小概率事件，大家选号时无须关注。

现在最难的是如何确定具体断哪些列，接下来就为大家统计一下不同列号码的出现、遗漏和重复情形，供大家选号时参考。

3. 不同列连续遗漏次数统计

一列号码连续未出现的次数就是该列连续遗漏次数。比如，双色球从 2003001 期到 2003002 期，1 列号码连续未开出的次数为 1 次，那么此时 1 列号码的连续遗漏次数就是 1 次；从双色球 2003053 期到 2003061 期，1 列号码连续未开出的次数为 9 次，那么此时 1 列号码的连续遗漏次数就是 9 次。

表 7.8 为三行十一列表中不同列的连续遗漏次数统计表，统计周期为双色球从 2003001 期至 2016105 期，共 2004 期。

表 7.8 不同列的连续遗漏次数统计表

	1列	2列	3列	4列	5列	6列	7列	8列	9列	10列	11列
1	245	228	255	238	245	250	213	240	218	225	210
2	124	113	120	105	120	119	138	134	141	120	126
3	66	70	58	74	67	53	64	57	59	71	73
4	38	35	33	35	37	44	37	27	29	29	26
5	16	19	18	21	15	16	21	21	19	21	18
6	7	11	8	11	16	12	10	8	15	11	20
7	5	10	7	7	6	3	3	5	6	7	5
8	4		1	2	2	1	5	1	1	1	6
9	2	2	2	2		1		4	1	2	1
10	2		1		1	3		1	2		2
11		1	1					2			
12		1				1		2			
13									1	1	
14			1			1					
15		1									
16				1							

从表 7.8 可以看出，1 列、5 列、11 列的最大连续遗漏次数都是 10 次，2 列的最大连续遗漏次数为 15 次，3 列、6 列的最大连续遗漏次数为 14 次，4 列的最大连续遗漏次数为 16 次，7 列的最大连续遗漏次数为 8 次，8 列的最大连续遗漏次数为 12 次，9 列、10 列的最大连续遗漏次数为 13 次。

4．不同列连续出现次数统计

一列号码连续出现的次数就是该列连续出现次数。这里不再举例。

表 7.9 为三行十一列表中不同列的连续出现次数统计表，统计周期为双色球从第 2003001 期至第 2016105 期，共 2004 期。

表 7.9　不同列的连续出现次数统计表

	1 列	2 列	3 列	4 列	5 列	6 列	7 列	8 列	9 列	10 列	11 列
1	280	254	278	274	288	271	258	266	271	243	275
2	124	143	121	116	119	131	116	119	118	127	117
3	54	54	47	58	49	53	57	64	51	63	51
4	29	18	35	27	31	24	36	29	35	29	24
5	12	8	14	8	11	9	17	14	9	13	7
6	6	4	7	8	8	8	6	4	8	7	5
7	3	8	1	3	2	5			1	3	3
8	1	2		1	1	1		2		2	1
9			2	1		1	1		1		2
10								1			1
11			1				1				
12											
13								1			
14											
15											1

从表 7.9 可以看出，1 列、2 列、5 列、10 列的最大连续出现次数都是 8 次，3 列、7 列的最大连续出现次数都是 11 次，4 列、6 列、9 列的最大连续出现次数都是 9 次，8 列的最大连续出现次数为 13 次，11 列的最大连续出现次数为 15 次。

从表 7.7 和表 7.9 可以看出，无论是最大连续遗漏次数，还是最大连续出现次数，达到 8 次及 8 次以上都是极小概率的事件。所以如果一列号码连续遗漏 8 期，就要重点关注该列号码了；反之，如果一列号码连续出现 8 期，则应果断杀掉该列号码。

注：一列号码连续出现次数为 1 次，其实就是该列号码只出现 1 次，其前一期和后一期都没有开出该列号码；一列号码连续遗漏次数为 1 次，其实就是该列号码只遗漏 1 次，其前一期和后一期都有开出该列号码。

5. 深入研究重列情形

重列就是双色球前区本期开出的某些号码与上一期开出的某些号码都在三行十一列表的同一列。比如双色球第 2003002 期和 2003001 期都开出了 4 列和 10 列的号码，此时 4 列和 10 列就都属于重列。

重列个数就是双色球当期有多少重列。比如上面这个例子，重列的个数就是 2。

经过精确统计，在双色球从第 2003001 期至第 2016105 期这 2004 期之中，重列总个数为 4738 个，平均每期重列个数为 2.365 个。

表 7.10 为三行十一列表中不同列重复出现次数和出现概率统计表，统计周期为双色球从第 2003001 期至第 2016105 期，共 2004 期，该表已经按重复开出次数由高到低进行了排序。

表 7.10　不同列重复出现次数和出现概率统计表

列　　次	重复开　出次数	重复开　出概率
10 列	462	23.07%
7 列	454	22.67%
8 列	449	22.42%
3 列	443	22.12%
6 列	430	21.47%
1 列	422	21.07%
2 列	419	20.92%
4 列	419	20.92%

续表

列　　次	重复开　出次数	重复开　出概率
5 列	416	20.77%
9 列	416	20.77%
11 列	408	20.37%

从表 7.10 可以看出，10 列是最容易重复开出的，11 列是最不容易重复开出的。不同列重复开出的概率差别虽然不大，但大家选号时也可以参考一下。

表 7.11 为双色球每期重列个数及其出现次数和出现概率统计表，统计周期为双色球从第 2003001 期至第 2016105 期，共 2004 期，该表已经按出现次数由高到低进行了排序。

表 7.11　每期重列个数及其出现次数和出现概率统计表

重复开　出列数	出现　次数	出现　概率
2	756	37.74%
3	663	33.10%
1	318	15.88%
4	206	10.28%
0	41	2.05%
5	19	0.95%
6	0	0.00%

从表 7.11 可以看出，重列个数为 2 或 3 是大概率事件，两者加起来的出现概率超过了 70%。

我觉得数据最有说服力，大家选号时应该参考这些数据。

7.3　前区选号方法综合运用举例

7.3.1　前区选号方法说明

本书写到这里，对双色球前区各项指标基本上都做了介绍，对围号选号法和行列选号法也进行了精确统计和论述，但具体该怎么运用这些方法呢？

说实话，这个命题很难解，我也没有具体答案，但我可以举一个例子，希望能够给大家一点启发。

7.3.2 举例说明到底该怎么选号

（1）双色球第2017004期前区开出05、13、17、26、27、30六个号码，后区开出号码07，此时围号选号法所包含的18种胜率最低的杀号方法对应的号码去掉重复项并按由小到大的顺序进行排列后分别为：01、04、06、09、10、11、12、13、14、15、19、20、22、23、25、32，共16个。

（2）据精确统计，围号选号法给出16个号码时，37.5%的情况下都会从中开出4个或4个以上号码。此时必须赌一把，必须从中选出至少4个号码，最好从中选出5个号码。选中5个号码的概率本来很低，但此时却很高，所以应该赌一把选5个。

（3）根据"重号、连号、同尾号开出的概率远超开不出的概率（见第六章有关内容）"这一点，至少应该根据"重号、连号、同尾号"中的一项指标进行选号。如果这里根据重号进行选号，按照第六章第一节有关论述，这里显然应该保留2017004期第六个号码30。

（4）根据第二节有关内容可知，重列个数为2是最多出现的情形，所以这里最好选择重2个列，而号码30属于8列，2017004期也开出了8列号码，所以8列已经是重列了，这里只须从2017004期所在的2列、4列、5列、6列里面选择一列重复即可。而5列号码不在围号选号法对应号码范围内，所以可以排除5列。也就是说此时可以从2列、4列、、6列号码之中选择一个号码，而2列、4列、、6列号码之中与围号选号法对应号码重合的有四个，即04、06、13、15，所以现在只须从这四个号码里面选择一个。

（5）1列所有号码均与围号选号法对应号码重合，所以无论如何都应该从1列选择至少1个号码，即须从01、12、23这三个号码里面选择至少一个号码。

（6）现在确定了至少三个号码的选择方式，还剩至多三个号码只能从围号选号法对应号码中其余的号码里面选择，这些号码包括：09、10、11、14、19、20、22、25、32，而19和30同处8列，所以这里可以剔除19。现在的选号范围只剩下以下8个号码了：09、10、11、14、20、22、25、32。

（7）如果此时考虑到连号情形，那就只能选择（09、10）、（10、11）或（11、12）了，因为12处于前面提到的1列。

此时要想选中06、11、12、22、23、30这六个号码（双色球第2017005期前区开奖号码）仍然不容易，但绝对可以大幅提高选中这六个号码的概率。本书只能起到这个作用，实在没办法确定、肯定以及一定保证能让大家选中双色球前区六个号码。

上述例子并不能说明什么问题，但这里面包含了本书的一个选号过程，希望这个过程能够给大家一点启发，这就够了。当然，大家根本不必完全根据上述程序去选号，但是选号时综合运用围号、行列、重号、连号、同尾号情形是可行的（不过不要用太多）。

第 8 章

后区选号方法和技术指标大全

双色球后区从 01～16 共 16 个号码中选择一个号码，其选号范围比前区小得多，所以后区选号方法没有前区那么复杂。前两章对前区选号方法和技术指标进行了详细介绍，后区基本沿袭前区的方法，所以本章对有关方法和指标的概念就不再详细介绍了。

本章对后区围号选号法的论述与百度阅读电子版上对八值选号法的论述有巨大差异，这一点，在看过本章后，大家就会明了。

8.1 后区围号选号法详解

8.1.1 后区围号选号法的由来

我在百度阅读上提出过八值选号法，效果非常好。现在提出的后区围号选号法与八值选号法非常类似，但效果要好得多。为了证明后区围号选号法的效果，我决定把这两种选号方法进行对比，所以这里就把百度阅读上八值选号法的主要内容引用了过来，具体如下。

1. 概念

（1）经过第 4 章对双色球后区 188 种杀号方法的统计，我找出了一些胜率很低的后区杀号方法。总论里面说过，胜率低的杀号方法可以反过来用于定胆和选号，于是我决定用这些胜率很低的后区杀号方法每期所杀的号码反过来进行定胆和选号，这就有了双色球后区八值选号法。

（2）双色球后区八值选号法就是用胜率最低的 11 种后区杀号方法每期所杀的号码作为选号范围进行选号的方法。

根据第 3 章的统计，胜率最低的 11 种后区杀号方法按胜率从高到低进行排序依次为：

① U_{-22} 即后区号码减 22 所得的值杀号法；

② V_4 即前区第四个号码减后区号码所得的值杀号法；

③ M_{5-2} 即前区第五个号码减第二个号码所得的值杀号法；

④ O_{5+1} 即前区第五个号码加 1 所得的值杀号法；

⑤ O_{4-2} 即前区第四个号码减 2 所得的值杀号法；

⑥ U_{+24} 即后区号码加 24 所得的值杀号法；

⑦ O_{3+2} 即前区第三个号码加 2 所得的值杀号法；

⑧ P_4 即上两期前区第四个号码互减所得的值杀号法；

⑨ U_{+7} 即后区号码加 7 所得的值杀号法；

⑩ U_{-25} 即后区号码减 25 所得的值杀号法；

⑪ U_{+4} 即后区号码加 4 所得的值杀号法。

需要指出的是，要根据第四章的杀号规则来确定这些后区杀号方法每期所杀的号码。

（3）该方法为什么叫八值选号法呢？

因为胜率最低的 11 种杀号方法每期所杀的号码大部分情况下都不足 11 个。事实上，胜率最低的 11 种杀号方法每期所杀的号码平均只有 7.779 个。所以，这里才将这种方法称为八值选号法。

那么，为什么胜率最低的 11 种杀号方法每期所杀的号码平均只有 7.779 个呢？因为胜率最低的 11 种杀号方法每期所杀的号码经常有重复现象。比如，双色球第 2003013 期前区开出 08、13、17、21、23、32 六个号码，后区开出号码 12，那么胜率最低的 11 种杀号方法所杀的号码依次为：10、09、10、04、09、06、09、04、09、13、16，其中号码 04、06、09、10 都有重复现象。事实上这 11 种杀号方法所杀的号码只有 6 个，即 04、06、09、10、13、16。

2. 效果

经过对双色球从 2003001 期至 2015023 期这 1768 期的统计，八值选号法每期选号范围约为 7.779 个号码，选对后区号码的次数为 948 次，没有选对的次数为 818 次，总测试次数为 1766 次（由于方法 P_4 需要用到上两期数据，所以只测试了 1766 次），选号成功率为 53.68%。

下面谈谈这种方法的效果。

选号范围为 7.779 个号码时，选对后区号码的理论成功率为 7.779/16，约为 48.62%，理论成功次数约为 858.6 次，而该方法的成功率超过理论成功率

5个百分点，成功次数超过理论成功次数90次，这说明该方法有效。

我在总论里面提到过99选号法，该方法的选号范围约为每期8.6225个号码，其选号范围比八值选号法多将近1个号码，而其选对后区号码的次数仅为941次，没有选对的次数则为855次，总测试次数为1796次（测试期限为双色球从2003001期至2015054期共1799期，由于该方法需要用到前三期的数据，所以只测试了1796次），选号成功率仅为52.39%。要知道，这可比八值选号法多测试了30期，纵然如此，其选对后区号码的个数也不及八值选号法，而且其每期选号范围还比八值选号法多将近1个号码。真是不比不知道，一比吓一跳。99选号法在网上有数百万人阅读，3万多人付费下载，只能说大家是不明真相，难免上当。

99选号法选对后区号码的理论成功率为8.6225/16，约为53.89%，理论成功次数约为967.86次，而其实际成功率仅为52.39%，实际成功次数仅为941次。实际成功率比理论成功率低1.5个百分点，实际成功次数比理论成功次数少约27个。这种选号效果跟八值选号法一比，简直是天壤之别。八值选号法实际成功率可比理论成功率高5个百分点，实际成功次数也比理论成功次数多90次。这也从一个侧面说明了八值选号法的有效性。

相信大家看完以上内容后，对八值选号法就有了详细了解。八值选号法效果的确很好，但跟后区围号选号法还是不能相提并论，具体请往下看。

8.1.2 后区围号选号法的概念

后区围号选号法与八值选号法一样，都是用胜率最低的若干种杀号方法每期所杀的号码作为选号范围进行选号的方法，但八值选号法用的是"胜率最低的11种后区杀号方法每期所杀的号码"作为选号范围，而后区围号选号法用的则是"胜率最低的10种后区杀号方法每期所杀的号码"作为选号范围，并且这10种方法绝不包含于原来的11种方法中，而是有了巨大差异。因为本书统计了622种后区杀号方法，而百度阅读上只统计了188种，也就是说本书找到了胜率更低的杀号方法（其对应号码出现频率更高）。

第 8 章 后区选号方法和技术指标大全

表 8.1 为胜率最低的 10 种后区杀号方法及其对应号码出现次数统计表，统计周期为双色球从第 2003001 期至第 2016105 期，共 2004 期，该表已经按出现次数由低到高进行了排序。

表 8.1 胜率最低的 10 种后区杀号方法及其对应号码出现次数统计表

杀号方法 代称	杀号方法描述	对应号码 出现次数
D_{1+10}	前区第一个号码加 10	146
C_{4-6}	前区第四个号码减 6	146
I_{25}	后区号码减 25	146
J_{20}	后区号码加 20	146
C_{5-12}	前区第五个号码减 12	147
D_{6+5}	前区第六个号码加 5	147
J_4	后区号码加 4	148
C_{3-30}	前区第三个号码减 30	150
C_{6-47}	前区第六个号码减 47	154
C_{5-51}	前区第五个号码减 51	166

8.1.3 后区围号选号法的效果

1. 有关说明

第四章提到过：百度阅读统计的杀号方法之中对应号码出现次数高于当时的后区最热号码 09 的出现次数的只有 3 种，以至于当时提出八值选号法时不得不使用一些对应号码出现次数低于号码 09 的出现次数的杀号方法。而本章统计的杀号方法之中对应号码出现次数高于现在的后区最热号码 09 的出现次数的则多达 44 种（后区号码 09 在对应的统计周期内出现了 139 次），这对于探索后区定胆或选号方法有着极为重要的意义。

现在大家终于要知道意义何在了。

2. 后区围号选号法与八值选号法的对比

（1）选号范围的不同

① 八值选号法运用胜率最低的 11 种后区杀号方法的对应号码作为选号范围，而后区围号选号法仅运用胜率最低的 10 种后区杀号方法的对应号码作

为选号范围，少用一种杀号方法就少一些运算量。

② 八值选号法每期平均选号个数是 7.779 个，而后区围号选号法每期平均选号个数是 7.668 个。可见，后区围号选号法的选号范围比八值选号法略小。

（2）选号成功率的不同

虽然后区围号选号法的选号范围比八值选号法略小，但其选号成功率却比八值选号法还要高。经过精确统计，在双色球从第 2003001 期至第 2016105 期这 2004 期之中（测试了 2003 次），后区围号选号法选对了 1091 次后区号码，选号成功率为 1091/2003=54.4683%，略高于八值选号法的选号成功率（53.68%）。

2．后区围号选号法选号实际成功率与理论成功率的对比

（1）后区围号选号法选号个数约为 7.668 个，所以其选号理论成功率为 7.668/16，约为 47.925%，但在双色球从 2003001 期至 2016105 期这 2004 期之中其选号实际成功率高达 54.4683%，超过理论成功率将近 6.6 个百分点。这也是本书的一个亮点。未经一番统计，又怎能找到将成功率提高将近 7 个点的后区选号方法呢？提高 6.6 个百分点不足以保证你中大奖，但绝对能提高你中奖甚至中大奖的概率。我能做到的，仅此而已：提高中奖概率，但绝对无法保证中一等奖。

（2）围号选号法对应号码个数每期平均约为 7.668 个，经过精确统计，在双色球从 2003001 期至 2016105 期这 2004 期之中，围号选号法实际上对应的号码个数为 4 至 10 个。为了能够更好地帮助大家选号，我决定统计一下围号选号法对应号码个数不同情况下选号实际成功率各是多少。

在双色球从第 2003001 期至第 2016105 期这 2004 期之中，围号选号法对应号码个数为 4 个的情形只出现一次，不具代表性，所以这里不予统计。

（3）表 8.2 为围号选号法对应号码个数不同情况下选号实际成功率和理论成功率统计表，统计周期为双色球从第 2003001 期至第 2016105 期，共 2004 期，该表已经按实际成功率由高到低进行了排序。

表8.2 围号选号法对应号码个数不同情况下选号实际成功率和理论成功率统计表

对应号码个数	选号实际 成功率	选号理论 成功率
10	64.15%	62.50%
6	58.05%	37.50%
8	55.80%	50.00%
7	55.37%	43.75%
9	47.73%	56.25%
5	44.44%	31.25%

（4）从表8.2可以看出，围号选号法对应号码个数为10时，选中后区号码的实际概率最高，为64.15%，略高于理论概率；

围号选号法对应号码个数为6时，选中后区号码的实际概率第二高，为58.05%，巨幅高于理论概率，超过理论概率20多个百分点，是实际概率与理论概率差别最大的情形，需要重点注意。

围号选号法对应号码个数为8时，选中后区号码的实际概率为55.80%，高于理论概率将近6个百分点；

围号选号法对应号码个数为7时，选中后区号码的实际概率为55.37%，高于理论概率将近12个百分点。并且其选中后区号码的实际概率与围号选号法对应号码个数为8时相差无几，而选号范围却少了一个号码，所以这种情形也需要重点注意。

围号选号法对应号码个数为5时，选中后区号码的实际概率为44.44%，巨幅高于理论概率，超过理论概率将近14个百分点，是实际概率与理论概率差别较大的情形，同样需要重点注意。

围号选号法对应号码个数为9时，选中后区号码的实际概率为47.73%，是唯一一个低于理论概率的情形。

大家选号时可以参照表8.2，具体怎么运用，没有固定章法。

从以上论述可以看出，后区围号选号法的效果绝对好于八值选号法，所以大家可以弃用八值选号法，转而采用后区围号选号法进行选号。

8.2 后区技术指标大全

8.2.1 后区技术指标简述

双色球后区用很多指标去区分差别都不大,无法找出明显的出号特征,并且用来描述前区特征的很多指标在后区都无法适用,比如同尾号、和值、AC 值等,所以本节没有论述过多的后区指标,仅从重号、奇偶、大小三个方面对后区号码进行了简单分析。

8.2.2 后区重号情形解析

重号就是当期后区号码与上期后区号码相同。

经过统计,在双色球从 2003001 期至 2016105 期这 2004 期中,重号个数为 143,出现概率为 143/2003,约为 7.14%,而重号的理论出现概率为 6.25%。

可见,重号的实际出现概率高于理论出现概率。

8.2.3 后区奇数号码和偶数号码出现次数统计

双色球后区 16 个号码按奇偶分类,有奇数号码 8 个,分别为 01、03、05、07、09、11、13、15;有偶数号码 8 个,分别为 02、04、06、08、10、12、14、16。

表 8.3 为双色球后区奇数号码和偶数号码的出现次数和出现概率统计表,统计周期为双色球从第 2003001 期至第 2016105 期,共 2004 期,该表已经按出现次数由高到低进行了排序。

表 8.3 双色球后区奇数号码和偶数号码出现次数和出现概率统计表

	出现次数	出现概率
奇数号码	1025	51.148%
偶数号码	979	48.852%

后区奇数号码和偶数号码个数相同,但奇数号码出现概率明显高于偶数号码,所以大家选号时应该倾向于奇数号码。

8.2.4 后区大号和小号出现次数统计

双色球后区 16 个号码按大小分类,有小号 8 个,分别为 01、02、03、04、05、06、07、08;有大号 8 个,分别为 09、10、11、12、13、14、15、16。

表 8.4 为双色球后区小号和大号的出现次数及出现概率统计表,统计周期为双色球从第 2003001 期至第 2016105 期,共 2004 期,该表已经按出现次数由高到低进行了排序。

表 8.4 双色球后区小号和大号的出现次数和概率统计表

	出现次数	出现概率
大号	1046	52.196%
小号	958	47.804%

后区小号和大号个数相同,但大号出现概率明显高于小号,并且相差接近 5%,比奇数号码和偶数号码的出现概率差别还大,所以大家选号时应该倾向于大号。

双色球后区号码按除 3 余数、四分区等方式进行分类情况下,各类型号码出现次数没有明显差别,所以这里不再详述。本章重点推荐后区围号选号法,其效果比网上那些未经证明的后区选号方法好太多了,请大家要相信统计,相信规律。

《小乌龟投资智慧：如何在投资中以弱胜强》
ISBN 978-7-121-30651-8
定价：59.80元

《赋能：互联网+ 跨界运营与融合实践》
ISBN 978-7-121-30526-9
定价：59.80元

《股权运营方案：迅速成长为独角兽》
ISBN 978-7-121-31194-9
定价：49.80元

《短线分时图T+0交易实战技法：每天都抓涨停板》
ISBN 978-7-121-30523-8
定价：49.80元